Stempel-Vorschriften

für

Wechsel, Checks und andere Handelspapiere

sowie die

wichtigsten wechselrechtlichen Bestimmungen

ausländischer Staaten,

zum Gebrauche für den Handelsstand bearbeitet

von

J. Gross,

Kaiserl. Bankbuchhalter in Berlin (Reichshauptbank).

Mit 51 in den Text gedruckten Abbildungen.

Springer-Verlag Berlin Heidelberg GmbH 1889

ISBN 978-3-662-31858-4 ISBN 978-3-662-32685-5 (eBook)
DOI 10.1007/978-3-662-32685-5

Vorwort.

Der aus den stetig fortschreitenden internationalen Handelsbeziehungen hervorgehende Wechsel-Verkehr macht es dem Geschäftsmann, zumal demjenigen, welcher mit dem Auslande in Verbindung steht und deshalb auch in die Lage kommen kann, auf dasselbe Wechsel zu ziehen, solche an einen ausländischen Geschäftsfreund zu versenden oder auch ausländische Wechsel in Zahlung zu nehmen, im eigenen Interesse zur Pflicht, sich über die fremden Wechsel-Stempelvorschriften zu orientiren.

Ebenso wie im deutschen Reiche, sind auch in allen auswärtigen Staaten in Bezug auf die Erlegung der Stempel-Gebühr besondere Formalitäten bei der Ausstellung, der Annahme oder Indossirung eines Wechsels, bei dem Gebrauch von Stempelpapier oder Stempelmarken etc. zu erfüllen, deren Nichtbeachtung im Auslande nicht nur Strafe nach sich zieht, sondern in verschiedenen Ländern auch den Verlust aller Rechts-Ansprüche aus einem als nicht versteuert anzusehenden Papiere bewirkt.

Können dem hiesigen Inhaber eines solchen Wechsels auf das Ausland schon bei der Weiterbegebung bezw. beim Incasso Schwierigkeiten entstehen, so ist es auch sehr wohl möglich, dass ein deutscher Aussteller der oftmals recht empfindlichen ausländischen Stempel-Strafe verfällt, wenn die Stempel-Hinterziehung nicht bemerkt wird, bevor der Wechsel

Belgien.

Stempelpflichtig:

Wechsel vom Inlande auf das Inland;
vom Auslande auf das Inland;
vom Auslande auf das Ausland, wenn dieselben im Inlande circuliren;
vom Inlande auf das Ausland, wenn dieselben nicht direct remittirt werden.

Stempelfrei:

Duplicate, wenn ein Exemplar vorschriftsmässig versteuert ist.
Checks, Bons, Ueberweisungen (mandats de virement).
Accreditive.
Bankbillets an Ordre.
Anweisungen à vue auf ein vorhandenes Guthaben.

Erfüllung und Form der Versteuerung:

Zur Stempelung verpflichtet ist der erste Unterzeichner einer Unterschrift im Inlande.

Fig. 1.

Fig. 2.

Es giebt vier Arten der Stempelung:

1. den Trockenstempel (timbre sec) (Fig. 1 u. 2).

Rother Stempel mit Werthangabe und gleichzeitig ein schwarzer runder Stempel oder ein farbloser Prägestempel mit dem Belgischen Löwen und der Orts-Bezeichnung.

Verwendung durch Beamte der Steuerbehörde.

2. den Visastempel (le visa):

visé pour timbre de Frcs. .... cts. ....
No. .... Bruxelles, le .... 188 ....
(signature du receveur des timbres).

Verwendung wie No. 1.

Fig. 3.

Fig. 4.

3. Stempelmarken (timbres adhésifs). Marken mit dem Portrait des Landesherrn, oberhalb desselben „Frs. .... à ....“ und die Umschrift: „effet créé à l'étranger“, unterhalb desselben der Stempelbetrag und die Umschrift: „payable en Belgique“ (Fig. 3).

4. Stempelmarken (timbres adhésifs de passage) Marken wie No. 3 mit der Umschrift: „effet créé à l'étranger“, „payable à l'étranger“ (Fig. 4).

Verwendung von No. 3 und 4 durch Wechselverbundene.

In Belgien ausgestellte Wechsel müssen den Trockenstempel (No. 1) tragen;

Wechsel vom Auslande auf das Inland entweder

den Trockenstempel (No. 1),
den Visastempel (No. 2) oder
Stempelmarken (No. 3);

Wechsel vom Auslande auf das Ausland

den Passagestempel (No. 4).

Die Stempelmarken werden verwendet:

a) durch den Unterzeichner des Accepts (Avals) auf der Vorderseite des stempelpflichtigen Papieres, neben seiner Unterschrift;

b) durch den Unterzeichner von Indossament oder Quittung auf der Rückseite des Papieres, vor der Indossirung etc., indem der zur Stempelung Verpflichtete:

das Datum der Verwendung (Monat in Buchstaben)
und seinen Namen

auf jede Marke schreibt.

Zur Entwerthung der Stempelmarken darf auch ein Fettstempel von beliebiger Farbe verwendet werden, wenn ein Stempel-Abdruck bei der Steuerbehörde hinterlegt worden ist.

Ein Beschreiben oder Verändern des amtlichen Stempel-Aufdrucks oder ein Beschreiben der Stempelmarken mit anderen als zur Entwerthung derselben gehörigen Schriftzeichen ist nicht zulässig.

Stempel-Tarif:

In Belgien ausgestellte Papiere und dergleichen vom Auslande auf Belgien zahlen:

für	Frcs.	200 und darunter			=	Frcs.	—,10	cts
„	„	200,01	bis Frcs.	500	=	„	—,25	„
„	„	500,01	„ „	1000	=	„	—,50	„
„	„	1000,01	„ „	2000	=	„	1,—	„
„	„	2000,01	„ „	3000	=	„	1,50	„
„	„	3000,01	„ „	4000	=	„	2,—	„

u. s. w. für jede volle oder angefangene Frcs. 1000 = 50 cts. mehr.

Papiere vom Auslande auf das Ausland, mit einer oder mehreren belgischen Unterschriften, zahlen:

für Frcs. 200 und darunter	=	Frcs. —,05 cts.
„ „ 200,01 bis Frcs. 500	=	„ —,13 „
„ „ 500,01 „ „ 1000	=	„ —,25 „
„ „ 1000,01 „ „ 2000	=	„ —,50 „
„ „ 2000,01 „ „ 3000	=	„ —,75 „
„ „ 3000,01 „ „ 4000	=	„ 1,— „

u. s. w. für jede volle oder angefangene Frcs. 1000 = 25 cts. mehr.

Bemerkungen.

Ein Wechsel soll enthalten:

die zu zahlende Summe,
den Namen des Bezogenen,
das Datum der Ausstellung, auch den Ort bei transitirenden Wechseln,
den Zahlungsort,
die Ordre,
die Valuta, in welcher Zahlung zu leisten ist.

Blanco-Indossamente gelten als Eigenthums-Uebertragungen.

Accept-Erklärung innerhalb 24 Stunden.

Respect-Tage existiren nicht.

Zahlung kann, wenn der Verfalltag ein Sonn- oder Festtag ist, am Tage vorher verlangt werden.

Protest-Aufnahme Mangels Zahlung innerhalb 2 Tagen, Sonn- und Feiertage nicht mitgerechnet.

Ein Check muss „à vue“ lauten, bedarf jedoch nicht des Vermerkes „aus meinem Guthaben“.

Derselbe muss innerhalb sieben Tagen (incl. Ausstellungs- und Präsentationstag) zur Zahlung vorgelegt werden, um regelrecht protestirt werden zu können.

Stempelstrafe: der zwanzigfache Betrag der hinterzogenen Stempel-Gebühr, mindestens 5 Frcs.

Dänemark.

Stempelpflichtig:

Wechsel, eigene Wechsel, Anweisungen, Checks.

Stempelfrei:

Copien (Duplicate), selbst wenn sie girirt sind;

Wechsel vom Auslande auf das Ausland gezogen, wenn sie nicht in Dänemark domizilirt, acceptirt oder beim Gericht producirt werden;

Anweisungen auf Dänische Banken;

Anweisungen und Checks, wenn sie nicht in Dänemark acceptirt oder girirt werden, und

Anweisungen vom Auslande nach Dänemark girirt.

Erfüllung und Form der Versteuerung:

Die Versteuerung der stempelpflichtigen Papiere erfolgt

entweder:

durch Ausstellung derselben auf Stempelpapier

oder:

durch Aufheften von Stempelmarken.

20 Øre.

Fig. 5.

Letztere können durch Beamte der Steuerbehörde oder durch Wechselverbundene entwerthet werden.

Das Stempelpapier trägt auf der Vorderseite in der linken oberen Ecke das Dänische Wappen mit der Krone, unterhalb desselben die Werthangabe in schwarzem Aufdruck (Fig. 5).

Auch Papier, auf welchem gewöhnliche Stempelmarken von Beamten der Steuerbehörde entwerthet worden sind, wird als Stempelpapier betrachtet.

Man darf sich in letzterem Falle nicht dadurch irritiren lassen, dass der betreffende Beamte seinem Namen keinen seine amtliche Qualität bezeichnenden Ausdruck hinzufügt.

Die Stempelmarken sind von verschiedener Farbe und tragen die Werthangabe innerhalb eines oben offenen Eichenkranzes, über welchem die Krone schwebt. Am oberen und unteren Rande be-

Fig. 6.

findet sich die Inschrift: „Danmark", zu beiden Seiten „Stempelmaerke" (Fig. 6).

Die Verwendung der Stempelmarken, deren mehrere gleichzeitig aufgeheftet werden können, geschieht in allen Fällen auf der Vorderseite des stempelpflichtigen Papieres in der linken oberen Ecke.

In Dänemark ausgestellte eigene Wechsel müssen auf Stempelpapier niedergeschrieben werden. Die übrigen im Inlande ausgestellten Papiere können auf Stempelpapier niedergeschrieben oder vermittelst Stempelmarken versteuert werden.

Der Aussteller schreibt oder drückt auf mechanischem Wege:

1. seinen Namen,
2. das Datum der Verwendung

quer über die Marke, das Wechselformular berührend.

Der Name muss ganz ausgeschrieben werden.

Das Datum muss ganz auf jeder Stempelmarke stehen.

Der Monat kann in Zahlen angegeben werden.

Die Angabe des Ortes ist nicht erforderlich.

Die Versteuerung der vom Auslande nach dem Inlande gelangenden Wechsel etc. muss vom ersten Inhaber daselbst spätestens drei Wochen nach Empfang bewerkstelligt werden.

Die zu diesem Zwecke zu verwendenden Stempelmarken werden vom ersten Inhaber durch Ueberschreiben bezw. Ueberdrucken des Namens und des Datums entwerthet.

Stempel-Tarif:

Wechsel, wenn sie spätestens acht Tage nach Sicht oder spätestens vierzehn Tage nach dato gezogen sind, zahlen ohne Rücksicht auf den Betrag: 20 oere.

Wechsel etc. auf längere Termine werden nach folgendem Tarif versteuert:

			bis	1000	Kr.	=	Kr.	–,20	oere
von	1000,01	Kr.	„	2000	„	=	„	–,35	„
„	2000,01	„	„	4000	„	=	„	–,70	„
„	4000,01	„	„	6000	„	=	„	1,–	„
„	6000,01	„	„	8000	„	=	„	1,35	„
„	8000,01	„	„	10000	„	=	„	1,70	„
„	10000,01	„	„	12000	„	=	„	2,–	„
„	12000,01	„	„	14000	„	=	„	2,35	„
„	14000,01	„	„	16000	„	=	„	2,70	„
„	16000,01	„	„	18000	„	=	„	3,–	„

u. s. w.

Anweisungen und Checks zahlen für jeden Transport oder Accept:

			bis	100	Kr.	=	Kr.	–, 5	oere
von	100,01	Kr.	„	1000	„	=	„	–,15	„
„	1000,01	„	„	2000	„	=	„	–,30	„
„	2000,01	„	„	4000	„	=	„	–,65	„
„	4000,01	„	„	6000	„	=	„	1,–	„
„	6000,01	„	„	8000	„	=	„	1,30	„
„	8000,01	„	„	10000	„	=	„	1,65	„

von 10000,01 Kr.	bis 12000 Kr.	=	Kr. 2,—	oere
„ 12000,01 „	„ 14000 „	=	„ 2,30	„
„ 14000,01 „	„ 16000 „	=	„ 2,70	„
„ 16000,01 „	„ 18000 „	=	„ 3,—	„

u. s. w.

Da, wie unter „Bemerkungen“ angegeben, Checks auch auf andere Termine als bei Sicht oder Vorzeigung lauten können, ist deren Acceptirung nicht ausgeschlossen.

Indessen hat die letztere für Anweisungen und Checks gültige Stempel-Scala wenig practische Bedeutung, da die grosse Mehrzahl derartiger Papiere auf Banken ausgestellt wird, welche das Privilegium besitzen, dass auf sie gezogene Anweisungen und Cheks weder bei Indossirung noch Acceptirung gestempelt zu werden brauchen.

Bemerkungen.

Das Dänische Wechsel-Gesetz vom Jahre 1880, auch für Schweden und Norwegen gültig, lehnt sich in den meisten Bestimmungen an die Allgemeine Deutsche Wechsel-Ordnung an.

Respect-Tage sind im Gesetz nicht vorgesehen.

Annahme-Erklärung innerhalb 24 Stunden.

Protest Mangels Zahlung am Verfalltage oder spätestens am zweiten Werktage nach demselben.

Die Wechselforderung an den Acceptanten verjährt in einem Zeitraume von drei Jahren, von dem Verfalltage des Wechsels an gerechnet.

Unterschriften auf Checks und Anweisungen verpflichten nicht wechselmässig.

Checks und Anweisungen können auch auf andere Termine als bei Sicht, bei Vorzeigung, lauten.

Für Checks gelten keine Präsentations-Termine.

Stempelstrafe:

für Checks und Anweisungen der fünffache und für Wechsel der hundertfache Betrag des hinterzogenen Stempels, d. h. für Checks und Anweisungen mindestens 2 Kr. und für Wechsel mindestens 40 Kr.

England.

Stempelpflichtig:

Wechsel (Bills of exchange), eigene Wechsel (Promissory Notes), Tratten (Drafts), Anweisungen (Orders), Creditbriefe (Letters of credit), Mandate, Checks.

cfr. Bemerkungen, für welche Papiere die Ausdrücke „Bills of exchange“ und „Promissory Notes“ Anwendung finden.

Stempelfrei:

Wechsel der Banken von England und Irland;

Die Neben-Exemplare eines ordnungsmässig versteuerten Haupt-Exemplares, falls sie nicht unabhängig von diesem gezogen oder verwerthet werden;

Ziehungen eines inländischen Bankers auf einen anderen im vereinigten Königreich, welche nicht an Order oder Ueberbringer lauten, sondern nur den Ausgleich von Forderungen beider Betheiligten untereinander bezwecken;

Tratten der Marine-Verwaltung, bei ihr selbst zahlbar;

Wechsel, welche nach vorgeschriebener Form dazu Berechtigte ausstellen, um Geldsummen auf öffentliche Rechnung, für Gehälter oder sonstige Kosten der Heeres-Verwaltung zu beziehen;

Zahlungs-Anweisungen der Finanz-Verwaltung;

Bank Post Bills }
Post Office Orders } cfr. Bemerkungen.

Erfüllung und Form der Versteuerung:

Sämmtliche im vereinigten Königreich ausgestellte Wechsel etc., mit Ausnahme der unten genannten, müssen auf

Papier niedergeschrieben sein, welches auf der Vorder- (ersten) Seite mit einem Trockenstempel versehen ist (Fig. 7).

Derselbe ist meist in rother Farbe, zuweilen auch farblos in das Papier eingeprägt.

Eine nachträgliche Versteuerung der vollzogenen Urkunde, sowie die Versteuerung durch Aufheften von Stempelmarken ist nicht zulässig.

Fig. 7.

Der Trockenstempel darf durch irgend welche Schriftzüge nicht bedeckt werden.

Ausgenommen von dieser Bestimmung sind:

Checks und jede Art von Ziehungen, gleichviel ob auf einen Banker oder eine andere Person, welche zahlbar sind:

auf Verlangen (on demand), Sicht (at sight), Vorzeigung (presentation).

Fig. 8.

Diese Papiere sind durch Befestigen einer Stempelmarke à 1 penny auf ihrer Vorderseite an beliebiger Stelle zu versteuern (Fig. 8).

Die Marke wird von dem Aussteller durch Ueberschreiben seines Namens (seiner Firma) oder der Anfangsbuchstaben desselben und des Datums der Verwendung cassirt.

Ist ein solches Papier bei der Präsentation zur Zahlung noch nicht versteuert, so kann **der Bezogene** eine Stempelmarke mit seinem Namen und dem Datum der Verwendung cassiren und den Werth der Marke vom Wechselbetrage in Abzng bringen.

Bankers haben gewöhnlich Checkformulare, welche sie an ihre Kunden ausgeben, mit dem 1 penny Trockenstempel versehen lassen und den Stempel bei der Ausgabe der Checkbücher verrechnet (Fig. 9).

Fig. 9.

Der Checkstempel ist ebenso wie der Wechselstempel roth oder farblos in das Papier eingeprägt.

Die von bestimmten Bankfirmen im Inlande ausgestellten Wechsel bedürfen auch des Trockenstempels nicht.

Seitens dieser Banken ist mit der Regierung ein Abkommen getroffen worden, wonach die Stempel-Abgabe mit der Steuerbehörde besonders verrechnet wird.

Ein Verzeichniss der betreffenden Firmen existirt indessen nicht.

Im Auslande ausgestellte Wechsel.

Die vom Auslande nach dem Inlande gelangenden Wechsel sind zu versteuern, wenn sie

im Inlande durch Indossament weiter begeben, oder
bevor sie dem Bezogenen zur **Zahlung** vorgelegt

werden.

Zum Accept können diese Wechsel also vorgelegt und auch acceptirt werden, **ohne** dass eine **Versteuerung** erforderlich wäre.

Zur Entrichtung der Gebühr sind Stempelmarken zu verwenden (Fig. 10).

Diese Stempelmarken mit der Bezeichnung

„Foreign bill“,

und keinesfalls andere, müssen benutzt werden zur Versteuerung aller Papiere, welche anders als auf Verlangen

vom Auslande auf das Inland und
vom Auslande auf das Ausland, in England

girirt, gezogen sind.

Die Marken werden auf der Vorderseite des stempelpflichtigen Papieres an beliebiger Stelle aufgeheftet und jede Marke mit der Firma oder dem Namen des zur Stempelung Verpflichteten und mit dem Datum der Verwendung versehen.

Fig. 10.

Zur gültigen Cassation der Marken genügt es, wenn statt des vollen Namens oder der vollen Firma nur die Anfangsbuchstaben auf jeder Marke sich befinden.

Die Angabe des Ortes der Verwendung ist nicht erforderlich.

Die Angabe des Monats kann in Zahlen erfolgen.

Ob die Entwerthung der Marken vermittelst Stempels oder Handschrift, oder zur Hälfte durch Stempel zur andern Hälfte durch Handschrift erfolgt, ist unerheblich.

Ferner ist nicht nothwendig, dass das Datum auf der Stempelmarke mit dem Datum des ersten inländischen Giros übereinstimmt.

Die Bestimmungen über die Entwerthung der Stempelmarken sind im Allgemeinen liberal.

Die Marken sollen derartig cassirt sein, dass sie zur Verwendung auf einer anderen Urkunde unbrauchbar gemacht sind, und es soll auf irgend eine Weise ersichtlich gemacht werden, dass der auf der Urkunde befindliche Stempel zur richtigen Zeit verwendet worden ist.

Sollten die sonst ordnungsmässig cassirten Marken nicht von dem zur Verwendung Verpflichteten aufgeheftet sein, so soll dem bona fide Besitzer hieraus kein Schaden erwachsen.

Der Stempelpflicht ist unter Anderem auch Genüge geleistet, wenn ein ausländischer Wechsel-Verbundener englische Stempelmarken (Foreign bill stamps) aufheftet und entwerthet.

Stempel-Tarif:

Ein Unterschied zwischen inländischen und ausländischen Wechseln existirt in Bezug auf die Höhe der Stempelabgabe nicht.

Wechsel on demand, presentation, sight, sowie Checks zahlen ohne Rücksicht auf den Betrag: 1 penny.

Wechsel mit anderer Verfallzeit, als der oben angegebenen, wenn sie girirt, gezogen, als zahlbar bezeichnet, bezahlt oder auf irgend eine andere Art im Inlande umgesetzt werden, zahlen:

			bis	5 £		=	—	sh.	1	p.
über £		5	„	10	„	=	—	„	2	„
„	„	10	„	25	„	=	—	„	3	„
„	„	25	„	50	„	=	—	„	6	„
„	„	50	„	75	„	=	—	„	9	„
„	„	75	„	100	„	=	1	„	—	„
„	„	100	„	200	„	=	2	„	—	„
„	„	200	„	300	„	=	3	„	—	„
„	„	300	„	400	„	=	4	„	—	„

u. s. w.

für jede angefangene oder volle £. 100 = 1 sh. mehr.

Bemerkungen.

Wechsel on demand, sight, presentation, sowie Checks sind sogleich bei Vorlegung zu bezahlen.

Für alle übrigen Wechsel existiren drei Respect-Tage.

Aus diesem Grunde ist auch ein Accept, welches den Verfalltag drei Tage später angiebt, wie der Text, nicht zu beanstanden.

Ist der dritte Tag ein Sonn- oder Feiertag, so ist der Wechsel am vorhergehenden Tage zu bezahlen.

Die Annahme eines Wechsels geschieht gewöhnlich am Tage nach der Präsentation.

Protest-Aufnahme Mangels Zahlung am Verfalltage, doch kann der Wechsel auch an diesem Tage notirt und der Protest alsdann später aufgenommen werden.

Die Hinzufügung eines Titels in einem Giro, wie „Professor" etc. ist zwar nicht gesetzlich verboten, aber nicht usancemässig. Man erachtet in England solche Zusätze für unregelmässig, und ist daher von der Annahme derartiger Papiere abzurathen.

Ein „or bearer" lautender Check oder Wechsel kann rechtsgültig auch durch Giro weiter begeben werden.

Der Inhaber eines „in blanco" girirten Wechsels gilt als rechtmässiger Eigenthümer. Als Blanco-Giro ist ein solches zu betrachten, welches nur aus dem Namen oder der Firma des Giranten ohne einen weiteren die Uebertragung ausdrückenden Vermerk besteht.

Als unvollständig wird dagegen ein Giro angesehen, welches den Uebertragungsvermerk vorgedruckt oder geschrieben enthält, ohne dass der Name des Indossatars ausgefüllt ist.

Dieser Ansicht ist zwar nur vereinzelt z. B. von der Bank of England Ausdruck gegeben worden, immerhin dürfte aber bei der Revision englischer Devisen auch darauf zu achten sein.

Ueberhaupt empfiehlt es sich, die formelle Prüfung der letzteren mit möglichster Genauigkeit zu bewirken, da bei der geringsten Abweichung der Unterschrift einer Firma von der Schreibweise in der vorangehenden Order, bei der kleinsten Aenderung oder Durchstreichung in einem Giro oder dergl. die Zahlung verweigert wird.

Ein gänzlich durchstrichenes Giro gilt als nicht geschrieben.

Vermerke wie „ohne Kosten", „ohne Protest" sind zulässig; desgleichen die Vorschreibung einer Präsentationsfrist auf den bei Sicht oder bestimmte Zeit nach Sicht lautenden Wechseln und auf Checks.

Wenn in einem an Order zahlbaren Wechsel der Remittent oder Indossatar unrichtig bezeichnet oder sein Name nicht richtig geschrieben worden ist, so kann er den Wechsel so indossiren, wie er darauf bezeichnet ist, und kann auch seine richtige Unterschrift beifügen.

Der Ausdruck „Bill of exchange" gilt im Stempel-Gesetz gleicherweise für Tratte, Anweisung, Creditbrief und jedes Schriftstück, mit Ausnahme der Banknoten, welches bezeichnet ist oder den Zweck hat, Jemand zur Zahlungs-Empfangnahme durch einen Dritten oder zur Wechsel-Einziehung auf Jemand zu bestimmen, gleichviel ob der Name des Empfangenden, Trassanten oder die Geldsumme angegeben sind oder nicht (cfr. Stempel-Gesetz 48, 1).

Das Wechsel-Gesetz sagt: „Ein Wechsel ist eine unbedingte schriftliche Aufforderung von einer Person an eine andere Person, unterschrieben von derjenigen Person, die ihn ausstellt, welcher von der bezogenen Person fordert, auf Verlangen, Sicht, Vorzeigung oder auf einen bestimmten oder zu bestimmenden späteren Termin eine gewisse Summe in Geld einer bezeichneten Person, ihrer Order oder dem Vorzeiger (bearer) zu zahlen."

„Eine Urkunde, welche diese Bedingungen nicht erfüllt, oder welche irgend etwas Weiteres vorschreibt, was geschehen soll als Zusatz zur Bezahlung des Geldes, ist kein Wechsel."

Dagegen bestimmt das Gesetz, dass ein Wechsel nicht ungültig ist, wenn er nicht datirt ist oder wenn Ausstellungsort oder Zahlungsort nicht angegeben sind.

Ein Wechsel, welcher keine Zeit zur Bezahlung des Geldes angiebt, ist als ein auf Verlangen zahlbarer Wechsel anzusehen.

Sichtwechsel sollen in einer billigen Frist (reasonable time) weiterbegeben werden.

Verzögerung in der Präsentation eines Wechsels wird entschuldigt, wenn die Verzögerung durch Umstände verursacht ist, welche ausserhalb der Kontrole des Inhabers liegen und nicht seiner Versäumniss oder seiner Vernachlässigung zuzuschreiben sind.

Der Ausdruck „Promissory note" bezeichnet jedes Schriftstück, Banknoten ausgenommen, welches ein Zahlungsversprechen enthält.

Das Wechsel-Gesetz sagt: „Eine Promissory note ist ein unbedingtes schriftliches Versprechen einer Person an eine andere, von dem Versprechenden unterzeichnet, welcher sich verpflichtet auf Verlangen oder an einem festgesetzten oder zu bestimmenden Zeitpunkte eine gewisse Summe Geldes an eine angegebene Person, deren Order oder an den Vorzeiger zu zahlen."

Ein Check ist ein Wechsel, auf einen banker gezogen, zahlbar auf Verlangen und soll nach dem Gesetz binnen einer billigen Frist: (reasonable time) zur Zahlung präsentirt werden.

Die Regel ist, dass Jemand einen Check dem bezogenen banker am Tage nachdem er ihn erhalten hat, zur Zahlung präsentiren soll, sofern er dazu im Stande ist.

Wohnt der Check-Inhaber beispielsweise in einer anderen Stadt, so soll er den Check in der oben angegebenen Frist zur Zahlung einsenden, also z. B. zur Post geben, oder veranlassen, dass er eingesandt wird.

Im Uebrigen soll auf die Natur der Urkunde, auf die Handels-Usancen etc. bei Beurtheilung, was eine billige Frist ist, Rücksicht genommen werden.

Der Trassirende bleibt sechs Jahre lang von dem Ausstellungstage des Checks an verpflichtet.

Ist aber z. B. die Zahlung verzögert worden und der banker, auf welchen der Check gezogen ist, hat inzwischen fallirt, während er genügende Fonds des Trassirenden in Händen hatte, so würde der Inhaber des Checks den Verlust zu tragen haben.

Auch wenn der Trassirende das Geld zurückzieht, welches zur Honorirung des Checks bestimmt war, wenn er stirbt oder in Concurs geräth, so würde bei verzögerter Präsentation der Inhaber den Schaden erleiden.

Bei der deutschen Gewohnheit englische Checks durch Indossirung weiter zu begeben, kann sich daher der Inhaber practisch nur auf seine Vormänner verlassen.

Die auf englischen Checks vorkommenden quer über den Text gedruckten Worte:

not negociable

bilden für die Verkehrsfähigkeit eines Check kein Hinderniss.

Sie dienen lediglich dem Zweck, den Checknehmer an eine gewisse Vorsicht zu mahnen, dass er das Papier nur von einer solchen Person in Zahlung nimmt, welche ihm für den Betrag gut ist, wenn der Check als nothleidend befunden wird.

Wenn z. B. der Check entwendet sein sollte, so erwirbt selbst der bona fide Käufer kein Recht auf Bezahlung desselben, wenn er mit obigem Vermerke versehen ist.

Ein mit dem quer über den Text gedruckten oder geschriebenen Zeichen:

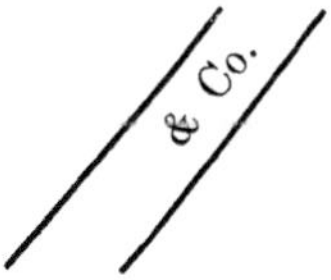

oder

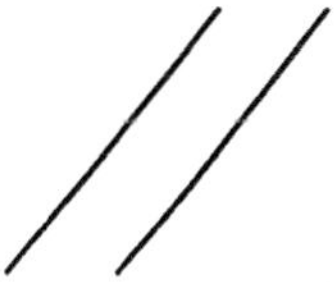

versehener Check,

„crossed cheque“

genannt, ist nur zahlbar wenn ein banker ihn präsentirt.

Ist der Raum zwischen den beiden Linien mit einer Bankfirma ausgefüllt z. B.

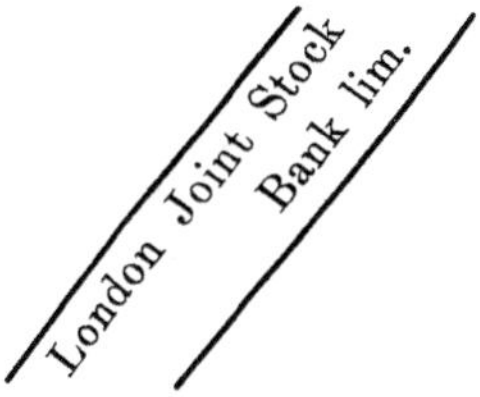

oder ist der Name eines bankers ohne diese Linien quer über den Text geschrieben, so darf der Check nur an die benannte Firma bezahlt werden.

Bank Post Bill.

No ____ London ____

At seven days Sight I Promise to pay this my Sola

Bill of Exchange to ____

or Order Fifty ____

Sterling, value received of ____

For the Govr. and Compa. of the Bank of England

£ Fifty

Entd. ____

„Bank Post Bills“ sind Zahlungsversprechen, ausgestellt von der Bank für England, zum Zwecke des Remittirens wie andere Wechsel.

Sie sind sieben oder sechzig Tage nach Sicht zahlbar und werden zu jedem Betrage, ohne Berechnung irgend welcher Kosten ausgegeben, müssen aber am Tage der Ausstellung vom Käufer baar bezahlt werden.

Sie erheischen die Präsentation zur Annahme um ihren Verfall festzustellen, können auf Wunsch jedoch auch am Ausstellungstage acceptirt werden, so dass sie wirkliche bills sieben oder sechzig Tage nach dato werden.

Derartige Papiere geniessen nicht die gewohnheitsmässigen drei Respect-Tage.

Von einigen Privatbanken werden ähnliche bills ausgegeben.

„Post Office Orders“ sind Ziehungen, welche von der Post dem Publikum gegen eine geringe Gebühr abgelassen werden, zum Zweck der Bequemlichkeit im Remittiren.

Sie werden von irgend einem Post-Amt ausgestellt, sind bei irgend einem andern Post-Amt zahlbar und lauten auf jeden beliebigen, £st. 10 nicht übersteigenden Betrag.

Eine ähnliche Anordnung besteht für internationale Orders.

Frankreich.

Stempelpflichtig:

Wechsel, Tratten, Mandate, billets à ordre, Anweisungen, Checks, Quittungen, Rechnungen.

Stempelfrei:

Quittungen, Rechnungen unter 10 Francs.

Erfüllung und Form der Versteuerung:

Für die im Inlande ausgestellten Papiere hat stets der Aussteller die Versteuerung zu bewirken.

Für die von den Colonieen und dem Auslande auf Frankreich gezogenen Papiere liegt Demjenigen, welcher sie zur Annahme vorlegt, die Pflicht der Versteuerung ob; wird ein solches Papier vor der Acceptation im Inlande weiter begeben, so ist die Versteuerung vor Leistung der ersten inländischen Unterschrift zu bewirken.

Die vom Auslande auf das Ausland gezogenen, in Frankreich nur cirkulirenden Papiere (effets en transit) sind von dem ersten französischen Giranten vor Niederschrift seines Namens zu versteuern.

Man benutzt in Frankreich vier Stempel-Methoden.

1. Stempel-Blankette (vignettes timbrées à l'extraordinaire) d. s. vom Stempel-Amt ausgegebene gestempelte Blankette.

Dieselben tragen an der linken Seite einen runden schwarzen und einen runden Prägestempel mit Werthbezeichnung (Fig. 11 u. 12).

In der Mitte des Papieres befindet sich ein ovales Wasserzeichen mit der Inschrift: „papier timbré, France“; innerhalb der Inschrift ein Kranz mit der Jahreszahl der Anfertigung.

2*

2. Mandats timbrés,
d. s. vom Stempel-Amt auf Antrag von Handelstreibenden gestempelte Wechselformulare.

Runder schwarzer Stempel und Prägestempel wie ad 1.

Fig. 11.

Fig. 12.

3. Visastempel.

Derselbe wird nur zur Ergänzung gebraucht, wenn das Steuerobject fr. 20,000 übersteigt.

Visé pour timbre pour la somme de Fr. .... Reçu Fr. .... Unterschrift des Steuer-Einnehmers.

Verwendung von No. 1, 2, 3 durch Beamte der Steuerbehörde.

4. Stempelmarken (timbres mobiles) (Fig. 13).

Verwendung durch Personen oder Firmen, deren Unterschriften sich auf den betreffenden Papieren befinden.

Die letztere Methode ist die bei Weitem gebräuchlichste und bequemste, zumal die Anzahl der zur Verwendung gelangenden Stempelmarken nicht beschränkt ist.

Für alle Stempel ist zu merken, dass ein Ueberschreiben oder Ueberdrucken derselben durch andere als zur Cassation gehörige Schriftzeichen die Versteuerung ungültig macht.

In Frankreich ausgestellte Wechsel und dergl.

können vermittelst einer der vier Stempel-Methoden versteuert werden.

Hierbei ist die gleichzeitige Anwendung mehrerer derselben zulässig, indem ein Stempel durch einen anderen ergänzt bezw. vervollständigt werden kann;

z. B. eine vignette timbrée á l'extraordinaire durch einen Visastempel und durch Stempelmarken.

Da, wie oben angegeben, die Ausführung der Versteuerung vermittelst der unter 1, 2 und 3 genannten Methoden durch amtliche Personen erfolgt, somit nur eine Prüfung der Höhe der Stempel-Abgabe erforderlich ist, so dürfte die Kenntniss der bei Anwendung der Stempelmarken zn beobachtenden Formalitäten genügen.

Fig. 13.

Bei den hier zuerst zur Besprechung gelangenden, im Inlande ausgestellten Papieren erfolgt die Cassation der *auf die Vorderseite* des Wechsels *neben* der Unterschrift des Ausstellers aufzuheftenden Stempelmarken, indem der Aussteller:

a) seinen Namen (Firma),

b) seinen Wohnort (Ausstellungsort des Wechsels),

c) das Datum der Ausstellung (Monat in Buchstaben und Jahreszahl)

eigenhändig auf *jede* Marke mit Tinte niederschreibt, oder vermittelst eines Farbstempels aufdruckt.

Ist auch nur eine dieser Bedingungen nicht oder ungenügend erfüllt so gilt die Versteuerung als nicht erfolgt.

So darf z. B. die Entwerthung nicht durch zwei verschiedene Handschriften, oder zur Hälfte durch Farbstempel, zur Hälfte durch Schrift bewirkt werden.

Die Anwendung eines Farbstempels, auf welchem sich Firma, Ort und verstellbares Datum befinden müssen, ist von der Genehmigung der Finanzbehörde abhängig.

Wechsel etc. vom Auslande und den Colonieen auf Frankreich.

Bei der Versteuerung dieser Papiere kann entweder der Visastempel oder der timbre mobile in Anwendung gelangen.

Die Stempelmarken werden, wenn das Papier vor der Acceptation im Inlande weiter begeben oder zur Zahlung vorgelegt wird, auf die Rückseite des stempelpflichtigen Papieres, unmittelbar hinter dem letzten ausländischen Giro und oberhalb der ersten inländischen Unterschrift aufgeheftet.

Die Cassation erfolgt, indem der zur Verwendung Verpflichtete (der erste Unterzeichner):

a) seinen Namen,

b) seinen Wohnort,

c) das Datum des Giro's oder der Quittung

auf jede einzelne der verwendeten Marken schreibt oder, falls er dazu ermächtigt ist, vermittelst eines Farbstempels aufdruckt; unter Beobachtung derselben Formalitäten, wie bei den in Frankreich ausgestellten Papieren. S. d.

Erfolgt die Annahme des Wechsels vor Weitergabe durch Indossament, so hat der Acceptant die Versteuerung zu bewirken, indem er bezw. der Vorzeiger des Wechsels, welcher die Marken herzugeben hat, dieselben auf die Vorderseite des stempelpflichtigen Papieres links von dem Platz, wo er beabsichtigt seine Unterschrift oder seinen Accept-Vermerk niederzuschreiben, aufheftet.

Die Entwerthung erfolgt, indem der Acceptant:

a) seinen Namen,

b) seinen Wohnort,

c) das Datum der Vollziehung des Acceptes auf jede einzelne Marke eigenhändig schreibt oder vermittelst Farbstempels aufdruckt.

Ist der Accept-Vermerk datirt, so müssen die Marken dasselbe Datum tragen, ebenso muss der Ort auf den Marken mit dem im Accept-Vermerk bezeichneten übereinstimmen.

Wechsel etc. vom Auslande auf das Ausland.

Effets en transit.

Diese Papiere unterliegen einer besonderen Stempel-Abgabe. cfr. Tarif.

Zur Entrichtung der Abgabe können die gewöhnlichen Wechsel-Stempelmarken verwendet werden.

Die Versteuerung erfolgt, indem der erste französische Girant unterhalb des letzten ausländischen und oberhalb seines eigenen Giro's Stempelmarken aufheftet und nach Massgabe der bereits genannten Bestimmungen (cfr. Papiere von den Colonieen und dem Auslande auf Frankreich) entwerthet.

Zu beobachten ist hierbei, dasss nur für diejenigen Papiere die Ermässigung des Transit-Stempels Anwendung finden darf, welche vom Auslande auf das Ausland gezogen, im Auslande acceptirt, ebendaselbst zahlbar sind und keine Noth-Adresse des Inlandes tragen.

In Frankreich ausgestellte Checks

müssen auf gestempeltes Papier (vignettes timbrées à l'extraordinaire) niedergeschrieben werden.

Fig. 14.

Fig. 15.

Die von den Bank-Instituten der Steuer-Behörde vorgelegten Checks werden mit einem farbigen Stempel à 10 cts. oder 20 cts. versehen (Fig. 14 u. 15).

Auf jedem Stempel befindet sich die Gestalt der Justitia, daneben ein Postament mit Werthangabe, auf demselben zwei Tafeln mit der Inschrift „Loi".

Die Stempel à 20 cts. tragen die Umschrift „Timbre Chèques", diejenigen à 10 cts. die Umschrift „Republique Française".

Bei den von einem Orte anf einen andern Ort gezogenen Checks, welche der doppelten Stempel-Abgabe unterliegen (cfr. Tarif) ist die Verwendung einer Hälfte des Stempels in Form einer Quittungs-Stempelmarke (timbre mobile quittance) gestattet (Fig. 16).

Diese Marken sind von grauer Farbe, tragen den Kopf der Republik, Umschrift „Republique Française", darunter die Werthangabe.

Am oberen Rande der Marken „Timbre", am Fnsse derselben „quittances, reçus et décharges".

Die Verpflichtung zur Versteuerung liegt dem Aussteller eines Checks ob.

Die erwähnte Ergänzungsmarke ist auf die Vorderseite des Checks, neben der Unterschrift des Ausstellers, aufzukleben und von diesem zu entwerthen, indem er:

a) seinen Namen (Firma),

b) seinen Wohnort,

c) das Datum der Ausstellung des Checks auf dieselbe schreibt oder vermittelst Farbstempels aufdruckt.

Fig. 16.

Checks vom Auslande auf das Inland
und
Checks vom Auslande auf das Ausland.

Derartige Papiere sind vor jedem Gebrauche im Inlande zu versteuern, indem der erste inländische Inhaber (Girant, Quittungsleistende) dieselben

bei einem Stempel-Amt mit dem Checkstempel (timbre chèque) versehen lässt,

oder

durch Aufheften von zwei Quittungs-Stempelmarken à 10 cts. unmittelbar hinter dem letzen ausländischen Indossament die Versteuerung selbst bewirkt.

Die Entwerthung der Marken erfolgt durch Ueberschreiben oder Ueberdrucken jeder derselben mit dem Namen, Wohnort des Giranten und dem Datum der Verwendung.

Stempel-Tarif:

Die in Frankreich ausgestellten, sowie die vom Auslande und den Colonieen auf Frankreich gezogenen Wechsel, Tratten, Mandate, billets à ordre, Anweisungen etc. zahlen:

	bis Frs.	100	=	Frs.	—, 5	cts.
von Frs. 100,01	„ „	200	=	„	—,10	„
„ „ 200,01	„ „	300	=	„	—,15	„
„ „ 300,01	„ „	400	=	„	—,20	„
„ „ 400,01	„ „	500	=	„	—,25	„
„ „ 500,01	„ „	600	=	„	—,30	„
„ „ 600,01	„ „	700	=	„	—,35	„
„ „ 700,01	„ „	800	=	„	—,40	„

u. s. w. für jede volle oder angefangene Frs. 100 = 5 cts. mehr.

Für die vom Auslande auf das Ausland gezogenen in Frankreich circulirenden obengenannten Papiere beträgt die Stempelgebühr:

	bis Frs.	2000	=	Frs.	—,50	cts.
von Frs. 2000,01	„ „	4000	=	„	1,—	„
„ „ 4000,01	„ „	6000	=	„	1,50	„
„ „ 6000,01	„ „	8000	=	„	2,—	„

u. s. w. für jede volle oder angefangene Frs. 2000 = 50 cts. mehr.

Inländische Checks von einem Orte auf denselben Ort zahlen:

10 cts.

Inländische Checks von einem Orte auf einen andern Ort,

Checks vom Auslande und den Colonieen auf Franreich,

Transitirende Checks

zahlen:

20 cts.

Bemerkungen.

Respect-Tage (jours de grâce) sind abgeschafft.

Wechsel, deren Verfalltag ein Sonntag oder Feiertag ist, sind am vorhergehenden Werktage zu zahlen.

Accept-Erklärung innerhalb 24 Stunden.

Die Annahme eines Wechsels wird durch das Wort „Angenommen" ausgedrückt.

Protest-Aufnahme Mangels Zahlung am Tage nach Verfall; ist dies ein Sonntag oder Feiertag, am folgenden Werktage.

Im Wechsel-Texte muss das Bekenntniss der empfangenen Valuta enthalten sein, z. B. „Werth baar" oder „Werth in Waaren erhalten".

Ein Blanco-Giro bildet keine Eigenthums-Uebertragung, sondern nur eine Vollmacht; es berechtigt aber zur Protest-Aufnahme.

Zu den wesentlichen Erfordernissen eines Checks gehört, nächst der in den Text aufzunehmenden Bezeichnung „chèque", noch die Angabe des Ausstellungsortes, sowie dass das Datum der Ausstellung (Tag und Monat) in Buchstaben von der Hand Desjenigen angegeben ist, welcher den Check ausgeschrieben hat.

Ein Check muss stets à vue lauten.

Sind diese Bedingungen nicht erfüllt, so verliert der Check die Berechtigung nach der ermässigten Scala versteuert zu werden.

Die Quittung auf einem Check muss datirt werden. Wer einen nicht quittirten Check bezahlt oder wer einen nicht mit Buchstaben datirten oder gar nicht datirten Check weitergiebt verfällt in Strafe.

Die Präsentationsfrist für Checks, welche am Ausstellungsorte zahlbar sind, beträgt fünf Tage, für Checks von einem Orte auf einen andern Ort und für Checks vom Auslande auf das Inland acht Tage, den Ausstellungs-Tag miteinbegriffen.

Stempelstrafe 6—18 %.

Holland.

Stempelpflichtig:

1. Alle in den Niederlanden zahlbaren Wechsel, eigene Wechsel, Tratten, Anweisungen, Checks, ebenso Copien, Duplicate und Quittungen, mit Ausnahme der unter der Rubrik „Stempelfrei“ genannten.

2. Alle ausserhalb der Niederlande zahlbaren Wechsel, eigene Wechsel, Tratten, Anweisungen, Checks, sobald sich die Unterschrift einer im Inlande wohnhaften Person darauf befindet (cfr. Bemerkungen).

Stempelfrei:

1. Copien und die übrigen Exemplare eines im Auslande ausgestellten, vorschriftsmässig mit dem holländischen Stempel versehenen Wechsels, wenn Acceptant (oder Inhaber) auf dem Haupt-Exemplare seiner Handzeichnung die Erklärung hinzusetzt „Het zegelrecht is op den .... prima (of oorsprenkelijken) wissel behoorlyk voldaan“ d. h. „der Stempel ist auf dem .... Prima (oder ursprünglichen) Wechsel gebührend entrichtet“.

2. Die in den überseeischen Besitzungen der Niederlande ausgestellten und daselbst versteuerten Handelspapiere.

Erfüllung und Form der Versteuerung:

Die Versteuerung muss erfolgen vor Leistung irgend einer Unterschrift in Holland auf einem der Stempelpflicht unterliegenden Papiere, also stets durch den ersten Unterzeichner im Inlande (Trassanten, Acceptanten, Giranten).

Die Versteuerung kann bewirkt werden:

1. Durch Benutzung von Stempelpapier d. i. vom Staate ausgegebenes, in der linken oberen Ecke mit rundem Prägestempel, welcher das holländische Wappen mit Krone und Werthbetrag zeigt, versehenes Papier ohne vorgedruckten Text (Fig. 17).

Dasselbe durchzieht ein Wasserzeichen „Nederlanden“ nebst der Jahreszahl.

Fig. 17.

2. Indem man gewöhnliche Wechselformulare der Steuerbehörde zur Abstempelung vorlegt.

Fig. 18.

Fig. 19.

Die aufgedruckten Stempel (Fig. 18 und 19) zeigen in blauer Farbe: der obere innerhalb eines Kranzes die Inschrift:

„Te zegelen“,

der untere das holländische Wappen mit dem Werthbetrage und dem Namen der Provinz, wo die Stempelung erfolgt ist, ausgenommen Amsterdam und Rotterdam.

Die Stempel sollen sich stets rechts seitlich auf dem Papier befinden.

3. Durch Verwendung von Stempelmarken (Fig. 20 u. 21).

Für den Betrag von 5 cents von violetter, für höhere Beträge von rother Farbe, zeigen sie auf blumigem Untergrunde das Reichswappen, festgehalten durch zwei gekrönte Löwen, darunter ein Band mit der Inschrift: „Je maintiendrai".

Fig. 20.

Fig. 21.

Ein farbloses rechteckiges Fach unter dem Bande giebt den Werthbetrag an, der ausserdem auch am Fusse der Marke steht; dazwischen befindet sich auf der in acht Zeilen vierzehn mal angegebenen Inschrift:

„Nederlandsch plakzegel"
(„niederländische Stempelmarke")

der schwarze Vordruck:

„den ....
18 ......

für den Cassationsvermerk.

Die Anzahl der zur Verwendung gelangenden Stempelmarken ist nicht beschränkt.

Der geringste Stempel lautet über 5 cents, der höchste über 20 Gulden.

Die in den Niederlanden ausgestellten Papiere können entweder auf Stempelpapier (No. 1 und 2) niedergeschrieben oder vermittelst Stempelmarken versteuert werden.

Die Entwerthung der letzteren erfolgt, indem

der holländische Aussteller

dieselben auf die Vorderseite des Papieres an der Stelle aufheftet, welche für seine Unterschrift bestimmt ist, und

1. das Datum der Cassation, (Monat kann in Zahlen angegeben werden) auf jede Marke,

sowie

2. seinen Namen quer über sämmtliche Marken schreibt, so dass ein Theil desselben auf die Marken, ein Theil auf den Wechsel zu stehen kommt.

Die die Stempelmarken cassirende Unterschrift des Ausstellers gilt gleichzeitig als Unterschrift des Wechsels.

Das Datum der Cassation muss mit dem Ausstellungsdatum des Papieres übereinstimmen.

Die vom Auslande nach dem Inlande gelangenden Papiere können auf verschiedene Weise versteuert werden.

1. Durch einen Beamten der Steuerbehörde.

Derselbe cassirt auf der Rückseite des Papieres eine oder mehrere Stempelmarken mit dem Vermerke:

Ontvanger registratie
(Datum)

Ort und No. des Steuer-
Amts.

2. Durch Verwendung von Stempelmarken seitens eines Wechselverbundenen (des ersten inländischen) oder seitens derjenigen Person, welche den Wechsel zur Annahme vorlegt.

Die Marken sollen

für Accept und Aval auf der Vorderseite,

für Indossament oder Vorlegung zum Accept anf der Rückseite des Papieres befestigt werden.

Der zur Cassation Verpflichtete schreibt mit Tinte:

1. das Datum der Verwendung auf jede Marke,

2. seinen Namen quer über sämmtliche Marken, so dass ein Theil desselben auf den Marken, ein Theil auf dem stempelpflichtigen Papiere steht.

Der Acceptant setzt seinem Namen ausserdem den Ausdruck „geaccepterd“ (angenommen) oder einen gleichbedeutenden hinzu*).

*) Art. 115 des holländischen Handels-Gesetzbuches schreibt vor: „Die Acceptation muss durch den Bezogenen auf dem Wechsel deutlich erklärt und unterschrieben sein.“

Der die Marke cassirende Name gilt gleichzeitig als Unterschrift für Accept, Aval, Indossament etc.

Bei der oben erwähnten Vorlegung zum Accept durch eine lediglich damit beauftragte Person, soll dieselbe oberhalb der Stempelmarken den Vermerk:

„gestempelt zwecks Acceptation"

oder einen ähnlichen niederschreiben.

Ein Farbstempel darf von Privat-Personen zur Entwerthung der Marken nicht benutzt werden. Das Gesetz schreibt ausdrücklich vor, dass dieselbe „met inkt" (mit Tinte) geschehen soll.

Sind die gesetzlichen Vorschriften bei Entrichtung der Steuer nicht befolgt, so gilt der Stempel als nicht verwendet.

Stempel-Tarif:

5 cents

zahlen:

1. Checks und alle in den Niederlanden zahlbaren Wechsel, Anweisungen etc., deren Verfallzeit

auf Sicht, Vorzeigung,
spätestens drei Tage nach Sicht oder
spätestens acht Tage nach dato lautet.

2. Alle ausserhalb der Niederlande zahlbaren Wechsel etc., ohne Rücksicht auf den Betrag.

Die übrigen Handelspapiere sind nach folgenden Sätzen zu versteuern:

	bis fl.	100			=	5	c.
von	fl.	100,01	bis	fl.	200	=	10	„
„	„	200,01	„	„	300	=	15	„
„	„	300,01	„	„	400	=	20	„
„	„	400,01	„	„	500	=	25	„
„	„	500,01	„	„	1000	=	50	„
„	„	1000,01	„	„	1500	=	75	„

u. s. w. für jede volle oder angefangene fl. 500 = 25 cts. mehr bis zum Betrage von fl. 10 000.

Ueber fl. 10 000 werden für jede volle oder angefangene fl. 1000 = 50 cts. mehr berechnet.

Bemerkungen.

Die Unterschrift einer in den Niederlanden wohnhaften Person wird als im Inlande geschrieben angesehen, selbst wenn auf dem Papier das Gegentheil ausgedrückt ist, vorbehaltlich Prüfung dieses Gegentheils.

Respect-Tage existiren nicht.

Protest-Aufnahme am folgenden Tage bezw. am nächstfolgenden, wenn ein Sonntag dazwischen liegt.

Das Gesetz nennt nur Sonntage, nicht Feiertage.

Daraus folgt, dass Protest auch an sogenannten Feiertagen, sofern dieselben nicht auf einen Sonntag fallen, aufgenommen werden kann bezw. muss; ebenso wie die Präsentation zur Zahlung oder zur Annahme an solchen Tagen erfolgen kann.

Annahme kann sofort verlangt werden, spätestens muss dieselbe innerhalb 24 Stunden erfolgt sein.

Blanco-Giro's sind zulässig mit dem vollen Rechte der Eigenthums-Uebertragungen.

Vermerke, wie „ohne Kosten“, „ohne Protest“ sind nichtig auf einem gar nicht oder nicht ausreichend gestempelten Wechsel.

Checks auf Sicht (op zicht) abgegeben, können gleich Wechseln girirt werden mit Verantworlichkeit eines jeden Giranten für seine Unterschrift.

Die Präsentationsfrist für einen Check beträgt zehn Tage, den Ausstellungstag nicht mitgerechnet, behufs Wahrung des Regress-Anspruches gegen den Aussteller.

Ausserdem bleibt jeder, welcher einen Check in Zahlung gegeben hat, während der Zeit von drei Tagen seinem Nachmanne verantwortlich, den Tag der Abgabe nicht mitgerechnet.

Es ist nicht erforderlich auf Checks zu vermerken:

„aus meinem Guthaben“.

Stempelstrafe vom Stempel den hundertfachen Betrag, mindestens 25 fl. verwirkt, wer im Inlande ein gar nicht oder nicht genügend gestempeltes Papier unterschreibt, handelt, acceptirt, indossirt, quittirt, als Bürge unterzeichnet oder Mangels Annahme oder Zahlung protestiren lässt.

Wer auf der Copie oder dem Neben-Exemplare eines Wechsels fälschlich den Vermerk niederschreibt, dass das Original oder Haupt-Exemplar vorschriftsmässig gestempelt ist, verfällt in eine Strafe von fl. 1000.

Die Versteuerung kann auch durch jeden Inhaber eines Wechsels etc., dessen Handzeichnung nicht streitig mit dem Gesetz auf dem Papiere vorkommt, ohne Strafe geschehen.

Ein solches Papier wird alsdann für diesen und jeden späteren Inhaber als richtig gestempelt betrachtet.

Italien.

Stempelpflichtig:

Wechsel, deren Copien und Duplicate,
Anweisungen und Checks,
vom Inlande auf das Inland und auf das Ausland,
vom Auslande auf das Inland, sowie
vom Auslande auf das Ausland, wenn sie die Unterschrift einer in Italien wohnhaften Person tragen.

Stempelfrei:

Wechsel, welche von den Emissionsbanken ausgestellt werden.

Erfüllung und Form der Versteuerung:

Bezeichnung der in Italien ausgestellten:
Wechsel: cambiale, lettera di cambio;
Sola-Wechsel: vaglia cambiaria, paghero cambiario;
Anweisungen und Checks: assegni bancari.

Jede im Inlande geleistete Unterschrift auf einem der vorbenannten Papiere darf nur auf ein vorschriftsmässig versteuertes Formular niedergeschrieben werden; d. h. die Versteuerung muss bereits bewirkt sein vor Unterzeichnung eines inländischen oder eines vom Auslande kommenden Papieres.

Für die Form der Versteuerung ist zu merken:

1. Der Italienische Stempel wird in allen seinen Abstufungen, mit Ausnahme der Stufe zu 10 centesimi, mit einem Aufschlage von 20 % verkauft.

Dieser Aufschlag ist auf dem neuen seit dem 1. November 1888 ausgegebenen Stempelpapier gekennzeichnet, auf den alten bisher im Gebrauche gewesenen Blanketten und auf den gegenwärtig noch im Gebrauche befindlichen Stempelmarken jedoch nicht.

Es kostet also z. B. eine Stempelmarke à 30 c. = 36 c., eine solche à 1 Lira = L 1,20 u. s. w.

2. Auf jedem Wechsel muss ausser dem vorschriftsmässigen Wechselstempel noch ein Quittungsstempel befindlich sein.

Fig. 22.

3. Die Entwerthung der Wechsel-Stempelmarken sowie der Quittungs-Stempelmarken darf nur durch zuständige Beamte vermittelst Dienstsiegels geschehen.

Der unter 2 benannte Quittungsstempel,
für Wechsel bis L. 100 = 5 centesimi
und für Wechsel über L. 100 = 10 centesimi betragend, wird

Fig. 23.

gewöhnlich in Form einer Marke beigefügt, und diese vom Stempel-Amt vermittelst desselben Schwarz-Stempels bedruckt, mit welchem die Wechsel-Stempelmarken entwerthet werden.

Die für den Quittungsstempel bestimmten Marken sind:

1. Marke à 5 centesimi, von violetter Farbe mit Kopf des Landesherrn, oberhalb desselben auf weissem Grunde die Inschrift „Marca da bollo“, am unteren Rande „cent^{mi} cinque“ (Fig. 22).

2. Marke à 10 centesimi, gleichfalls von violetter Farbe, mit Kopf des Landesherrn. Umschrift in weissen Buchstaben „Umberto I. re d'Italia", oberhalb des Kopfes auf weissem Grunde „Marca da bollo", unterhalb „cent. dieci" (Fig. 23).

Zuweilen ist der Quittungsstempel auch in Form eines schwarzen Stempels (punzone) aufgedruckt, welcher sich neben den besonders entwertheten Wechsel-Stempelmarken befindet.

Dieser Stempel-Aufdruck, entweder achteckig oder rund, zeigt die Gestalt der Italia mit ruhendem Löwen und die Werthangabe (Fig. 24 u. 25).

Fig. 24.

Fig. 25.

Auf den neuen seit dem 1. Novbr. 1888 vom Staate ausgegebenen Wechsel-Blanketten ist der Quittungsstempel stets durch den unterhalb des Wechselstempels befindlichen schwarzen Aufdruck

„cent. 5 (10) in più
per la quietanza" ersetzt.

Bei den alten Blanketten war dafür auch zuweilen eine der oben erwähnten Quittungs-Stempelmarken cassirt.

N. B. Checks und Anweisungen bedürfen keines Quittungsstempels.

Die in Italien ausgestellten Wechsel

müssen niedergeschrieben werden:

entweder

auf Stempelpapier (carta filigranata bollata),

oder

auf gewöhnlichem Papier, zu welchem vom Stempel-Amt, in der

Regel auf der Rückseite, Wechsel-Stempelmarken und der Quittungsstempel amtlich cassirt worden sind.

Das oben erwähnte, vom Staate ausgegebene Stempelpapier ist mit einem das Italienische Wappen, die Inschrift „Regno d'Italia" und die Jahreszahl der Anfertigung zeigenden Wasserzeichen versehen, und trägt an der linken Seite in einem runden mit Verzierungen umgebenen schwarzen Stempel die Gestalt der Italia mit

Fig. 26.

Fig. 26.

Schild und Löwen, links davon den Stempelbetrag, rechts den Vermerk „aumento di $\frac{2}{10}$" (Zuschlag von $\frac{2}{10}$).

Unterhalb des runden Stempels der schwarze Aufdruck für den Quittungsstempel.

Der darunter befindliche freie Raum dient zum Aufheften von Stempelmarken, wenn der Betrag, für welchen das Blankett verwendbar, überschritten worden ist.

In letzterem Falle findet auch der Visastempel

„visto per bollo“

Anwendung.

Derselbe lautet z. B. „visto bollo suppletivo a lire ...., scadenza non superiore a sei mesi.“

„Zuschlags- (Ergänzungs-) Visastempel für Lire ...., Verfallzeit nicht mehr als sechs Monate.“

An der linken Seite des Blanketts befindet sich die Angabe des Preises incl. Aufschlag und Quittungsstempel, und die Angabe der Maximalsumme für welche das Blankett bei einer Laufzeit bis zu sechs Monaten und bei einer solchen über sechs Monate anzuwenden ist.

Die Blankette zum Stempelbetrage von 10 cent., welche ohne Aufschlag verkauft werden, tragen den Vermerk „aumento di $\frac{2}{10}$“ nicht, und anstatt des Quittungsstempels von 10 centes. einen solchen von 5 centesimi (Fig. 26 u. 27).

Fig. 28.

Die bisher im Gebrauche befindlichen Stempelmarken, welche demnächst durch neue ersetzt werden sollen, sind verschiedenfarbig, mit grossem schwarzen Werthstempel, der Umschrift „Sino a lire ....“ und der am oberen Rande befindlichen Aufschrift „Marca da bollo“ versehen (Fig. 28).

Auf einem stempelpflichtigen Object dürfen nicht mehr wie vier Stempelmarken verwendet werden.

Alte mit amtlich cassirten Marken versehene Privat-Formulare können nach wie vor verwendet werden, wenn man sie dem Stempel-Amt vorlegt, welches den zur Erreichung der neuen Stempel-Taxe erforderlichen Zuschlagsstempel beifügt, oder wenn man sie so gebraucht, dass der darauf befindliche Stempelbetrag der neuen Stempel-Taxe entspricht.

Die vom Auslande nach Italien gelangenden Wechsel

sind entweder

vor dem Accept oder
vor der Uebertragung,

also vor Leistung irgend einer Unterschrift in Italien zu versteuern.

Dies geschieht durch Aufheften von Stempelmarken und demnächstige Vorlegung der betreffenden Papiere bei einem Stempel-Amt.

Für die im Inlande ausgestellten Anweisungen und Checks
(assegni bancari)

sind Formulare zu verwenden, welche auf der Rückseite

entweder

mit einem runden schwarzen Stempel (punzone), ähnlich dem Quittungsstempel,

oder

mit einer gewöhnlichen Wechsel-Stempelmarke vom Stempel-Amt versehen worden sind.

Die vom Auslande nach Italien gelangenden Anweisungen und Checks

sind ebenso wie die Wechsel vor Leistung irgend einer Italienischen Unterschrift durch Vorlegung bei einem Stempel-Amt zu versteuern.

Stempel-Tarif:

für Wechsel

	unter 6 Monat					über 6 Monat				
	Stempel	Aufschlag	Quittungs-Stempel	Gesammt-Betrag		Stempel	Aufschlag	Quittungs-Stempel	Gesammt-Betrag	
von L. 1 bis L. 100	0,10	—	0,05	—	15	0,20	—	0,05	—	25
„ „ 100,01 „ „ 200	0,20	0,04	0,10	—	34	0,40	0,08	0,10	—	58
„ „ 200,01 „ „ 300	0,30	0,06	0,10	—	46	0,60	0,12	0,10	—	82
„ „ 300,01 „ „ 600	0,60	0,12	0,10	—	82	1,20	0,24	0,10	1	54
„ „ 600,01 „ „ 1000	1,—	0,20	0,10	1	30	2,—	0,40	0,10	2	50
„ „ 1000,01 „ „ 2000	2,—	0,40	0,10	2	50	4,—	0,80	0,10	4	90
„ „ 2000,01 „ „ 3000	3,—	0,60	0,10	3	70	6,—	1,20	0,10	7	30
„ „ 3000,01 „ „ 4000	4,—	0,80	0,10	4	90	8,—	1,60	0,10	9	70
„ „ 4000,01 „ „ 5000	5,—	1,—	0,10	6	10	10,—	2,—	0,10	12	10
	u. s. w. für je volle oder angefangene L. 1000: L. 1,20 mehr.					u. s. w. für je volle oder angefangene L. 1000: L. 2,40 mehr.				

Copien und Duplicate von Wechseln in Beträgen bis zu Lire 600 werden ebenso versteuert wie die Original- bezw. Prima-Wechsel.

Copien und Duplicate von Wechseln in Beträgen über Lire 600 sind ohne Rücksicht auf die Laufzeit mit einer fixen Gebühr von L. 1,20 zu versteuern.

Behufs Erlangung dieses niedrigeren Stempels ist die vorschriftsmässig versteuerte Prima (das Original) dem Stempel-Amt mit vorzulegen.

Anweisungen und Checks,

welche im Inlande ausgestellt sind, oder
welche vom Auslande nach dem Inlande gelangen, zahlen:

10 centesimi.

Bemerkungen.

Emissionsbanken, welchen das Recht der Noten-Ausgabe verliehen ist und welche für Wechsel Stempelfreiheit geniessen, sind:

la Banca nazionale nel regno d'Italia,
la Banca nazionale toscana,

la Banca romana,
la Banca toscana di credito,
il Banco di Napoli,
il Banco di Sicilia.

Die Acceptirung eines Wechsels kann auf eine geringere Summe beschränkt werden, als die im Wechsel angegebene*). Jede andere Beschränkung, z. B. die Acceptation auf einen andern als den im Texte des Wechsels angegebenen Zeitpunkt, wird als „Mangel der Acceptation" erachtet.

Man wird deshalb gut thun, die Annahme derartiger Papiere abzulehnen.

Respect-Tage existiren nicht.

Blanco-Indossamente sind zulässig.

Protest-Aufnahme Mangels Zahlung am ersten Werktage, welcher dem für die Zahlung bestimmten folgt.

Bemerkungen wie „ohne Kosten" und dergl. sind nach dem Gesetze werthlos.

Protest Mangels Zahlung und Mangels Annahme kann mit Zustimmung des Inhabers durch eine innerhalb der Frist zur Protesterhebung auszustellende schriftliche Erklärung des Bezogenen ersetzt werden.

Diese Erklärung muss innerhalb zweier Tage nach ihrer Datirung notariell beglaubigt werden und hat dieselbe Wirkung wie ein Protest**).

Checks dürfen gesetzlich bis 10 Tage nach Sicht lauten.

Die Emissionsbanken verlangen jedoch, dass auf sie gezogene Checks „a vista" lauten.

In Italien ausgestellte Checks, am Platze zahlbar, sind innerhalb zehn Tagen, dergleichen auf andere Plätze innerhalb fünfzehn Tagen, vom Ausstellungstage ab zur Zahlung oder Annahme zu präsentiren, bei Verlust der Regress-Ansprüche an Giranten und Aussteller.

Die Präsentationsfrist von fünfzehn Tagen gilt auch für die im Auslande ausgestellten, in Italien zahlbaren Checks.

Ein Vermerk wie „aus meinem Guthaben" ist auf Checks nicht erforderlich.

---

*) Art. 265. d. Ital. H.G.B.
**) Art. 306. d. Ital. H.G.B.

Norwegen.

Für Wechsel, Checks und ähnliche indossirbare Handelspapiere existirt keine Stempelpflicht.

Die Wechselordnung ist dieselbe, welche für Schweden und Dänemark gilt.

Oesterreich.

Stempelpflichtig:

Wechsel, deren Duplicate,
Wechsel-Copien, wenn sie girirt sind,
Anweisungen,
Checks,
Connossemente, Warrants, etc.

Stempelfrei:

Wechsel-Copien, wenn sie nicht girirt sind;

Dasjenige Exemplar eines inländischen Wechsels, welches zur Einholung des Acceptes eines ausserhalb der österr. ungar. Monarchie befindlichen Bezogenen verwendet wird, wenn

1. die Rückseite durchkreuzt ist,
2. auf der Vorderseite die Worte stehen „Nur zum Accept bestimmt",
3. ein anderes Exemplar, welches zur Indossirung benutzt wird, ordnungsmässig versteuert ist.

Stempelfrei in gewissem Sinne, d. h. ohne die Verpflichtung einen Stempel zu tragen, sind Checks auf diejenigen Bank-Institute, welche mit der Finanzbehörde ein Abkommen zur unmittelbaren Entrichtung der Steuer getroffen haben.

Erfüllung und Form der Versteuerung:

Die Vorschriften über den österreichischen Stempel für Wechsel und wechselähnliche Papiere sind ausserordentlich complicirt.

Den Grund hierfür dürfte man in den eigenartigen österreichischen Wechsel-Verhältnissen zu suchen haben.

Während man allgemein unter „Wechsel“ ein auf Credit gestütztes Zahlungsversprechen, ein an bestimmte gesetzliche Formen gebundenes, der Erleichterung des Verkehrs dienendes Zahlungsmittel versteht, ist in Oesterreich dem Wechsel der Charakter eines indossirbaren Schuldscheines, einer Urkunde über ein Darlehnsgeschäft übertragen worden, ursprünglich wohl mit der Absicht, die höhere Versteuerung der Urkunden letzterer Art zu umgehen.

Das Stempel-Gesetz nennt von diesen der Natur des Wechsels fernstehenden Darlehnsgeschäften nur die sogenannte Hypothekar-Erklärung*).

Die Erwähnung dieser die pfandrechtliche Eintragung der Wechselsumme auf eine unbewegliche Sache bewilligenden Erklärung zieht sich wie ein rother Faden durch das österreichische Wechsel-Stempelgesetz.

Da eine derartige im Texte des Wechsels oder in einem demselben zugesetzten Vermerke enthaltene Erklärung jedoch lediglich auf lokalen Verhältnissen basirt, und den internationalen Wechselverkehr nicht berühren dürfte, so ist derselben in Nachstehendem nicht weiter Erwähnung geschehen.

Für die Versteuerung von Wechseln etc. existiren zwei Stempelscalen, deren Anwendung sich nach der Laufzeit der Wechsel richtet.

Der Vollständigkeit wegen sei hier angeführt, dass eine auf einem Wechsel befindliche Hypothekar-Erklärung stets die Versteuerung desselben nach Scala II erfordert.

Eine Eigenthümlichkeit der österreichischen Stempel-Vorschriften bildet die unter bestimmten Umständen eintretende besondere Stempelpflicht für wechselrechtliche Vermerke (Indossamente, Bürgschaften, Empfangsbescheinigungen).

Von den einem Wechsel beigefügten derartigen Vermerken ist das Accept stets stempelfrei.

Indossamente, Bürgschaften, Empfangsbescheinigungen sind ebenfalls stempelfrei auf einem nach Scala I zu versteuernden Wechsel, stempelflichtig dagegen, wenn sie einem nach Scala II versteuerten oder zu versteuernden Wechsel zugesetzt werden.

In letzterem Falle ist für Indossamente die Gebühr nach Scala I, für Bürgschaften und Empfangsbescheinigungen nach Scala II zu entrichten.

---

*) § 11 d. Ges. v. 8. Mai 1876.

Die Versteuerung der oben erwähnten wechselrechtlichen Erklärungen erfolgt in der Art, dass die zu verwendenden Stempelmarken entweder auf der Rückseite des Wechsels befestigt und zur amtlichen Abstempelung vorgelegt werden,

oder dass dieselben an derjenigen Stelle auf der Vorder- oder Rückseite des Wechsels aufgeheftet werden, wo die betreffende Erklärung ihren Platz finden soll.

Fig. 29.

Ferner ist auch die unmittelbare Entrichtung der Steuer bei einem Stempel-Amt zulässig, wenn der Steuerbetrag 25 fl. übersteigt.

Zu merken ist ferner die in einzelnen Fällen eintretende Verpflichtung zur nachträglichen Ergänzung der Wechsel-Stempelgebühr von Scala I auf Scala II.

Wird z. B. ein im Inlande ausgestellter, bei Sicht oder bestimmte Zeit nach Sicht zahlbarer Wechsel, oder ein Wechsel mit bestimmtem Verfalltage, nicht innerhalb einer Frist von sechs Monaten, vom Ausstellungstage an gerechnet, zur Zahlung präsentirt, so ist die Differenz zwischen Scala I und II nachträglich zu entrichten.

Für die vom Auslande auf das Inland gezogenen Wechsel besteht dieselbe Verpflichtung mit der Massgabe, dass die erwähnte Frist auf zwölf Monate ausgedehnt worden ist.

Die ferner im Gesetz vorgesehenen Fälle der Annahme, Indossirung, Bürgschafts-Erklärung, welche sich nur auf einen Theil der Wechselsumme beziehen, bedürfen hier nicht der Erklärung.

Fig. 30. Fig. 31.

Im Inlande ausgestellte Wechsel.

Die Entrichtung der Steuer kann auf verschiedene Weise erfolgen;

a) durch Verwendung der gestempelten amtlichen Blankette (Fig. 29).

Grösseren Bankfirmen ist es anheimgestellt wegen des Druckes eigener Formulare, welche gleichzeitig mit dem amtlichen Stempel zu versehen sind, mit der Behörde ein Abkommen zutreffen.

b) durch Verwendung von Stempelmarken, welche auf der Rückseite des zum Wechsel zu verwendenden Papieres zu befestigen und amtlich abzustempeln sind (Fig. 30 u. 31).

c) durch unmittelbare Entrichtung der Gebühr bei einem Stempel-Amt, wenn der Steuerbetrag 25 fl. übersteigt.

Form des Vermerkes, welcher bei unmittelbarer Entrichtung der Gebühr vom Stempel-Amt gebraucht wird.

B. Rg. .... ex 188.....

zu empfangen aus fl. .... die Gebühr

nach Sc. .... mit fl. ....

Wien ....

Die amtlich bemessene Gebühr de fl. .... d. i.

.... Gulden nach .... entrichtet.

K. K. C. Taxamtscasse

Wien ....

Unterschriften.

Bemerkt sei hierbei, dass ausser dem Central-Taxamte und dessen Filialen (Exposituren genannt) auch jedes Post-Amt zur Annullirnng der Stempelmarken berechtigt ist.

Die Combination mehrerer Stempelmethoden ist in der Art zulässig, dass bei Benutzung gestempelter Blankette ein etwaiger höherer Stempelbetrag in Marken, bezw. wenn derselbe 25 fl. übersteigt, auch durch unmittelbare Zahlung bei einem Stempel-Amt entrichtet werden darf.

Aus dem oben Angegebenen geht hervor, dass bei Ausstellung der Wechsel im Inlande jegliche Entwerthung der Stempelmarken durch Privat-Personen unzulässig ist.

Für die Höhe der Steuer sind massgebend:

1. die Wechselsumme;

Ob die Zahlung derselben in Silber oder Papier erfolgen soll, ist hierbei ohne Einfluss.

2. Die Laufzeit des Wechsels vom Ausstellungstage an gerechnet.

Beträgt die letztere sechs Monate oder weniger, so ist die Versteuerung nach Scala I des Tarifs, anderenfalls nach Scala II zu bewirken.

Für den Zeitpunkt der Versteuerung ist zu merken, dass die Gebühr entrichtet werden muss, bevor das stempelpflichtige Papier mit einer inländischen Unterschrift versehen wird.

Für die Versteuerung der einem inländischen Wechsel beigesetzten Erklärungen, Accept, Giro etc. gelten die allgemeinen oben angegebenen Bestimmungen.

Im Inlande ausgestellte Anweisungen

können versteuert werden:

a) durch Verwendung von Stempelmarken, welche auf der Rückseite zu befestigen und amtlich abzustempeln sind;

b) durch Verwendung von Stempelmarken, welche auf der ersten Seite des zur Ausfertigung bestimmten Papieres zu befestigen und mit der ersten Zeile des Textes der Anweisung zu überschreiben sind;

c) durch unmittelbare Entrichtung der Gebühr bei einem Stempel-Amt, wenn der Stempel mehr als 25 fl. beträgt;

d) durch Verwendung von Privat-Formularen mit eingedruckten Stempelzeichen, deren Druck mit der Finanzbehörde vereinbart worden ist.

Ueber die Höhe der Gebühr s. Tarif; für den Zeitpunkt der Versteuerung sind die bei Wechseln angegebenen Bestimmungen massgebend.

Im Inlande ausgestellte Checks

können versteuert werden:

a) durch Verwendung von Formularen, auf welchen Stempelmarken amtlich abgestempelt worden sind;

b) durch Verwendung von Stempelmarken, welche mit der ersten Zeile des Textes zu überschreiben sind;

c) durch unmittelbare Entrichtung der Steuer.

In letzerem Falle können im Einverständniss mit der Steuerbehörde die Formulare von dem betreffenden Bank-Institut ohne Stempel ausgegeben werden.

Connossemente, Warrants

werden durch Verwendung von Stempelmarken versteuert, welche auf der ersten Seite des Schriftstücks zu befestigen und entweder zur amtlichen Abstempelung vorzulegen sind,

oder

mit der ersten Zeile des Textes überschrieben werden.

Wechsel vom Auslande auf das Inland.

Die ausserhalb der österreichisch-ungarischen Monarchie ausgestellten im Inlande zahlbaren Wechsel werden schon durch ihre Einbringung ins Inland gebührenpflichtig*).

*) § 8 des Gesetzes v. 8. Mai 1876.

Die Versteuerung erfolgt nach Scala I, wenn die Laufzeit zwölf Monate und weniger, nach Scala II, wenn dieselbe mehr wie zwölf Monate beträgt.

Die Versteuerung ist zu bewirken, bevor ein Wechsel in Umlauf gesetzt d. h. girirt, acceptirt, zur Annahme oder Zahlung vorgelegt, protestirt oder dem Gericht eingereicht wird; jedoch muss die Steuer innerhalb einer Frist von vierzehn Tagen, gerechnet von dem Tage an, wo der Wechsel in das Inland eingebracht worden ist, entrichtet sein.

Bezüglich der Form der Versteuerung sind nur zwei Methoden zulässig.

1. Die unmittelbare Entrichtung der Gebühr bei einem Stempel-Amt, wenn der Stempel mehr als 25 fl. beträgt.

2. Die Verwendung von Stempelmarken; dieselben sind auf der Rückseite des Wechsels am oberen Rande oder hinter dem letzten ausländischen Giro derartig zu befestigen, dass zwischen oberem Rande bezw. Giro und Marken kein zur Niederschreibung eines Vermerkes geeigneter Raum frei bleibt.

Die amtliche Abstempelung der Marken ist vor Ablauf der oben erwähnten vierzehntägigen Frist bezw. vor jeglichem Gebrauche des Wechsels zu beantragen.

Wird ein ausländischer Wechsel in mehreren Exemplaren ins Inland eingebracht, so ist die Gebühr von allen Exemplaren zu erheben.

Also muss z. B. die acceptirte Prima, wenn dieselbe auch als nur zum Accept bestimmt bezeichnet und ihre Rückseite durchstrichen ist, ebenso versteuert werden, wie die mit Indossamenten oder Quittung versehene Secunda*).

Dasselbe gilt für die girirte Copie eines ausländischen Wechsels.

Das Accept auf einem vom Auslande auf das Inland gezogenen Wechsel ist stempelfrei.

Andere inländische Vermerke werden nach denselben Grundsätzen versteuert, wie solche auf den im Inlande ausgestellten Wechseln. S. d.

---

*) Im Gegensatz zu dem unter „Stempelfrei“ erwähnten Exemplare eines inländischen Wechsels, welches zur Einholung des Acceptes eines ausserhalb der österr. ungar. Monarchie befindlichen Bezogenen verwendet wird.

Zu erwähnen ist hier das eigenthümliche zwischen Oesterreich und Ungarn bestehende Verhältniss.

Obwohl Ungarn im eigentlichen Sinne als Ausland nicht anzusehen ist, was zumal für Wechsel vom Auslande auf das Ausland (cfr. diese) gilt, müssen dennoch in Ungarn ausgestellte, bezw. von Ungarn nach Oesterreich gelangende, ausserhalb der beiden Länder ausgestellte Wechsel innerhalb einer Präclusivfrist von vierzehn Tagen in Oesterreich versteuert werden.

Jedoch wird auf die in Oesterreich zu entrichtende Steuer derjenige Betrag in Anrechnung gebracht, welcher an die ungarische Steuerbehörde bereits gezahlt ist.

Da die Stempel-Tarife augenblicklich in beiden Ländern gleich sind, so wird die Nachversteuerung nur in vereinzelten, hier nicht näher zu erörternden Fällen vorkommen.

Anweisungen vom Auslande auf das Inland

sind bezüglich der Form und des Zeitpunktes der Versteuerung wie ausländische Wechsel zu behandeln.

Ueber die Höhe der Steuer cfr. Tarif.

Checks vom Auslande auf das Inland

sind vermittelst Stempelmarken zu versteuern.

Zu diesem Zweck werden die Marken auf der Vorderseite des Checks oberhalb der ersten Zeile des Textes aufgeheftet und zur amtlichen Abstempelung vorgelegt, und zwar bevor von dem Papiere irgend welcher Gebrauch gemacht wird.

Es wird häufig vorkommen, dass diese gesetzliche Bestimmung mangelnden Raumes wegen nicht ausführbar ist; in der Praxis werden deshalb die Stempelmarken in diesem Falle unbeanstandet auf der Rückseite angebracht.

Auch die unmittelbare Entrichtung des Steuerbetrages ist zulässig, und können deshalb Checks mit Genehmigung der Behörde auch ohne Stempel ausgegeben werden.

Ueber die Höhe der fixen Gebühr cfr. Tarif.

Als spätester Zeitpunkt für die Entrichtung der Steuer für ausländische Checks ist im Gesetz der dreissigste Tag nach dem Eintreffen im Inlande angegeben.

Wechsel vom Auslande auf das Ausland.

Die hierfür festgesetzte ermässigte Gebühr gilt nur für solche Wechsel, welche im Auslande ausgestellt und ausschliesslich im Auslande zahlbar sind*).

Die Wechsel dürfen also mit keinem inländischen Domizilvermerk, und überhaupt mit keinem Vermerk versehen sein, aus welchem sich die Zahlbarkeit im Inlande herleiten liesse.

Wechsel, welche diesen Bedingungen entsprechen, unterliegen ohne Rücksicht auf ihre Laufzeit einer besonderen Stempel-Gebühr (cfr. Stempel-Tarif).

Die Gebührenpflicht für diese Wechsel tritt erst dann ein, wenn sie im Inlande in Umlauf gesetzt werden.

Sind dergleichen Wechsel in mehreren Exemplaren ausgestellt oder Copien davon angefertigt, so unterliegt jedes Exemplar, welches im Inlande in Verkehr gesetzt wird, der betreffenden Steuer.

Also muss auch in diesem Falle ein nur zum Accept bestimmtes resp. acceptirtes Exemplar, welches dem zum Umlauf bestimmten angeheftet ist, ebenfalls versteuert werden (cfr. Anmerkung S. 49).

Die Versteuerung erfolgt entweder

durch Entrichtung der Gebühr bei einem Stempel-Amt, wenn der Stempel mehr wie 25 fl. beträgt, oder

durch Verwendung von Stempelmarken, welche auf der Rückseite, unmittelbar am oberen Rande oder hinter dem letzten ausländischen Giro zu befestigen und vor Niederschrift des inländischen Giro's zur amtlichen Abstempelung vorzulegen sind.

Für Anweisungen und Checks, vom Auslande auf das Ausland gezogen,

gelten in Bezug auf die Form und den Zeitpunkt der Versteuerung dieselben Vorschriften, wie für gleichartige Wechsel.

Ueber die Höhe der Stempel-Gebühr cfr. Tarif.

*) Ungarn wird in diesem Falle nicht als Ausland betrachtet.

Stempel-Tarif:

Scala I.

Bis zum Betrage von fl.			75	=	—	fl.	5	kr.
von	75,01 fl.	bis „	150	=	—	„	10	„
„	150,01 „	„ „	300	=	—	„	20	„
„	300,01 „	„ „	450	=	—	„	30	„
„	450,01 „	„ „	600	=	—	„	40	„
„	600,01 „	„ „	750	=	—	„	50	„
„	750,01 „	„ „	900	=	—	„	60	„
„	900,01 „	„ „	1050	=	—	„	70	„
„	1050,01 „	„ „	1200	=	—	„	80	„
„	1200,01 „	„ „	1350	=	—	„	90	„
„	1350,01 „	„ „	1500	=	1	„	—	„
„	1500,01 „	„ „	3000	=	2	„	—	„
„	3000,01 „	„ „	4500	=	3	„	—	„
„	4500,01 „	„ „	6000	=	4	„	—	„

u. s. w. für jede volle oder angefangene fl. 1500 = fl. 1 mehr.

Scala II.

Bis zum Betrage von fl.			20	=	—	fl.	7	kr.
von fl.	20,01	bis „	40	=	—	„	13	„
„ „	40,01	„ „	60	=	—	„	19	„
„ „	60,01	„ „	100	=	—	„	32	„
„ „	100,01	„ „	200	=	—	„	63	„
„ „	200,01	„ „	300	=	—	„	94	„
„ „	300,01	„ „	400	=	1	„	25	„
„ „	400,01	„ „	800	=	2	„	50	„
„ „	800,01	„ „	1200	=	3	„	75	„
„ „	1200,01	„ „	1600	=	5	„	—	„
„ „	1600,01	„ „	2000	=	6	„	25	„
„ „	2000,01	„ „	2400	=	7	„	50	„
„ „	2400,01	„ „	3200	=	10	„	—	„
„ „	3200,01	„ „	4000	=	12	„	50	„
„ „	4000,01	„ „	4800	=	15	„	—	„
„ „	4800,01	„ „	5600	=	17	„	50	„
„ „	5600,01	„ „	6400	=	20	„	—	„
„ „	6400,01	„ „	7200	=	22	„	50	„
„ „	7200,01	„ „	8000	=	25	„	—	„

Ueber fl. 8000 beträgt der Stempel für jede volle oder angefangene fl. 400 = fl. 1,25 mehr.

Für Wechsel

vom Inlande auf das Inland,
vom Inlande auf das Ausland,
vom Auslande auf das Inland,

findet nach Maassgabe der im vorigen Titel angegebenen besonderen Bestimmungen Scala I oder Scala II Anwendung.

Anweisungen

vom Inlande auf das Inland,
vom Inlande auf das Ausland,
vom Auslande auf das Inland,
vom Auslande auf das Ausland,

zahlen in allen Fällen, wenn sie innerhalb acht Tagen nach erfolgter Ausstellung zahlbar sind, ohne Rücksicht auf den Betrag:

5 kr.

Beträgt die im Texte angegebene Zahlungsfrist mehr wie acht Tage, so sind Anweisungen wie Wechsel zu versteuern.

Checks
zahlen ohne Rücksicht auf den Betrag: *2 kr.*

Connossemente, Warrants

zahlen, wenn sie girirt sind, pro Stück fl. 1,
wenn sie nicht an Order lauten, pro Stück 5 kr.

Wechsel vom Auslande auf das Ausland

zahlen für je fl. 100 oder einen Bruchtheil davon:

2 kr.

Demselben Stempel sind Anweisungen vom Auslande auf das Ausland unterworfen, wenn sie später als acht Tage nach ihrer Ausstellung zahlbar sind.

Bemerkungen.

Ein Wechsel soll enthalten:

die Bezeichnung als Wechsel,
die zu zahlende Geldsumme,
die Order,
die Verfallzeit,
den Aussteller, Ausstellungsort und Datum,
den Bezogenen,
den Zahlungsort.

Respect-Tage kennt die österr. Wechsel-Ordnung nicht.

Wechsel, welche an einem Sonn- oder Feiertage verfallen, sind am nächsten Werktage zu bezahlen.

Protest-Aufnahme am Verfalltage, spätestens am zweiten Werktage nach diesem.

Blanko-Indossamente gelten als Eigenthums-Uebertragungen.

Der wechselmässige Anspruch gegen den Acceptanten verjährt in drei Jahren vom Verfalltage des Wechsels an gerechnet.

Sichtwechsel sind innerhalb einer Frist von zwei Jahren nach der Ausstellung zur Zahlung zu präsentiren.

Anweisungen. Wenn für eine Anweisung die ermässigte Gebühr von 5 kr. in Anspruch genommen wird, so muss

der Ausstellungstag ersichtlich,
und bei a vista Anweisungen im Texte oberhalb
der Unterschrift der Vermerk aufgenommen sein:

„zahlbar innerhalb acht Tagen".

Checks. Das Stempel-Gesetz versteht darunter nur diejenigen Papiere, welche von dem Einzahler eines baaren Depots auf den ihm von dem betreffenden Bank-Institute übergebenen Blanketten ausgefertigt sind.

Stempelstrafe:

für Wechsel nach Scala I der fünfzigfache,
für Wechsel nach Scala II der zehnfache,
für Anweisungen und Checks der fünfzigfache Betrag

des nicht oder nicht rechtzeitig verwendeten Stempels.

Russland.

Stempelpflichtig:

Wechsel; Wechsel-Duplicate (Prima, Secunda, Tertia); Wechsel-Copien oder Uebersetzungen, soweit für dieselben die unter der Rubrik „Stempelfrei" genannten Bedingungen nicht zutreffen;

Checks, welche im Auslande ausgestellt und in Russland zahlbar sind;

Checks und alle innerhalb des russischen Reiches ausgestellten Geldanweisungen, für welche die Zahlung später als fünf Tage nach Sicht bestimmt ist.

Stempelfrei:

Checks sowie die im Inlande ausgestellten Geldanweisungen, deren Betrag nicht später als fünf Tage nach Sicht fällig ist;

Anweisungen, welche a dato ausgestellt sind und innerhalb fünf Tagen, vom Ausstellungstage an gerechnet, zur Einlösung gelangen;

Dasjenige Exemplar eines Wechsels, welches nur zum Accept versandt wird; jedoch muss die Rückseite durchstrichen sein und die Vorderseite oben am Rande den Vermerk tragen:

„Ausgegeben nur für die Acceptation".

Wechsel-Copien oder Uebersetzungen sind nur dann stempelfrei, wenn sie als blosse Beläge zurückbehalten werden und nicht in den Verkehr gelangen;

Jede Copie, welche dem Charakter eines Duplicates entspricht, ist stempelpflichtig, gleichviel ob sie girirt wird oder nicht.

Erfüllung und Form der Versteuerung:

Die Gebühr für Urkuuden und Dokumente über Personal-Verpflichtungen, welche der proportionalen Stempelgebühr unterliegen, kann entrichtet werden:

entweder
durch Verwendung von Stempelpapier oder Stempelmarken,
oder
durch Einzahlung der Gebühr bei einer Rentei-Kasse.

Fig. 32.

Fig. 33.

Die Anwendung der vorstehend aufgeführten Methoden ist jedoch nicht in das Belieben des zur Entrichtung der Abgabe Verpflichteten gestellt, sondern von dem Betrage, der Natur des betreffenden Steuerobjectes, von dem Orte der Ausstellung und anderen Umständen abhängig.

Im Inlande ausgestellte Wechsel

und andere indossirbare Handelspapiere, deren Duplicate und stempelpflichtige Copien müssen auf Wechsel-Stempelpapier niedergeschrieben werden.

Das mit Wasserzeichen versehene Stempelpapier trägt in der linken oberen Ecke in schwarzem Druck den Werthbetrag (Fig. 32). An der rechten Seite des Blanketts befindet sich, gleichfalls in schwarzem Druck, der russische Reichsadler nebst der Inschrift:

„Wechselformular
für persönliche
Schuldverpflichtungen
von über .... bis .... Rubel.“ (Fig. 33).

Das Wasserzeichen zeigt in der Mitte den russischen Reichsadler, daneben die Jahreszahl der Anfertigung, darüber die Inschrift:

„Für Wechsel“.

Für die im Auslande ausgestellten Wechsel

und die sonstigen indossirbaren Handelspapiere, deren Duplicate und stempelpflichtige Copien,

welche im Inlande zahlbar sind
oder
im Inlande gehandelt werden,

ist die Stempelabgabe in allen Fällen zu entrichten, bevor von ihnen im russischen Reiche irgend welcher Gebrauch gemacht wird; u. zw.

1. Wenn der Stempel mehr wie 1 Rubel beträgt,

wird der Text der ausländischen Urkunde auf russisches Wechsel-Stempelpapier übertragen und dieses dem Original beigefügt.

Eine weitere besondere Bezeichnung, dass die Copie zu dem Original gehört, ist nicht erforderlich, geschieht indessen zuweilen. Nöthigenfalls dienen dazu die auf dem Original und der Copie sich wiederholenden Geschäftsnummern.

Die im Inlande angefertigten wechselrechtlichen Vermerke (Giro, Accept, Aval etc.) müssen auf die Stempel-Copie niedergeschrieben werden.

Wird ein derartiger inländischer Vermerk auf das Original geschrieben, so liegt, trotz beigefügter gestempelter Copie, eine Stempel-Defraudation vor, welche Strafe nach sich zieht.

Wie unter der Rubrik „Stempel-Tarif" erwähnt, beträgt die grösste Summe, für welche **ein** Wechselblankett benutzt werden kann 50000 Rubel.

Zu einem vom Auslande eingehenden Wechsel von höherem Betrage werden deshalb mehrere Stempelbogen derartig verwendet, dass der Text des Originals über sämmtliche aneinander geheftete Bogen hinweg copirt wird.

Das Accept hat alsdann ebenfalls quer über die Stempelbogen hinweg zu erfolgen, so dass dasselbe auf sämmtliche Bogen vertheilt zu stehen kommt.

Die bei anderen Dokumenten zulässige, übrigens aber wenig gebräuchliche Einzahlung der Stempelgebühr in die Rentei-Kasse ist bei Wechseln nicht gestattet.

Fig. 34.

Fig. 35.

Fig. 36.

2. Wenn der Stempel nicht mehr wie 1 Rubel beträgt

kann die Gebühr durch Hinzufügung von Stempelpapier, unter Beobachtung der oben vorgeschriebenen Formalitäten,

oder

mittelst Stempelmarken entrichtet werden.

Letztere Methode ist die gebräuchlichste und bequemste.

Die in Farbe und Zeichnung verschiedenartig angefertigten Stempelmarken tragen sämmtlich den russischen Reichsadler, die

Aufschrift „Stempelmarke“, sowie die Werthangabe in Zahlen und Buchstaben; der untere Theil der Marken ist in der Grundfarbe derselben schraffirt und dient zur Aufnahme des Cassations-Vermerkes (Fig. 34—36).

Die Stempelmarken sind zu verwenden:

auf trassirten Wechseln vor der Präsentation zur Annahme, bezw. wenn ein Wechsel dem Bezogenen direct zur Annahme eingesandt wird, bei der Niederschrift des Acceptes;

auf anderen Urkunden nicht später als bei ihrer im Inlande erfolgenden Uebertragung, Protest-Aufnahme oder bei einem anderen aus der Natur der Urkunde hervorgehenden Gebrauche derselben.

Die Stempelmarken werden auf der Rückseite des Wechsels etc. aufgeheftet und zwar am oberen Rande, wenn die Rückseite noch nicht beschrieben ist, im entgegengesetzten Falle unmittelbar hinter der letzten ausländischen Unterschrift.

Die Entwerthung der Marken soll nach dem Wortlaute der Stempel-Ordnung durch diejenige Person bewirkt werden, welche bei dem ersten Gebrauche, der in Russland von einem ausländischen Wechsel gemacht wird, die Marken aufgeheftet hat.

Es geschieht dies oder soll wenigstens geschehen mittelst Durchstreichung jeder Marke von Ecke zu Ecke und Beifügung des Datums der Verwendung.

Indessen erfolgt die Cassation unbeanstandet auf sehr mannigfache Weise, theils den Vorschriften entsprechend, theils auch durch blosse Aufschrift des Namens, der Firma oder nur der Anfangsbuchstaben auf jede Marke.

Die Angabe des Datums, welches auf jeder Marke befindlich sein muss, kann ganz in Zahlen erfolgen.

Der Benutzung eines Firmastempels zur Entwerthung der Marken steht gesetzlich Nichts entgegen.

Der Raum, welcher neben den Marken freibleibt, wird häufig durchkreuzt, so dass es unmöglich ist ein Giro oder einen anderen Vermerk daselbst niederzuschreiben, vorgeschrieben ist dies jedoch nicht.

Stempel-Tarif:

für Wechsel, Tratten, Checks, Anweisungen und andere indossirbare Handelspapiere

			bis	Ro	50	=	Ro	—,10	Kop.
von	Ro	50,01	„	„	100	=	„	—,15	„
„	„	100,01	„	„	200	=	„	—,30	„
„	„	200,01	„	„	300	=	„	—,40	„
„	„	300,01	„	„	400	=	„	—,55	„
„	„	400,01	„	„	500	=	„	—,70	„
„	„	500,01	„	„	600	=	„	—,80	„
„	„	600,01	„	„	700	=	„	—,90	„
„	„	700,01	„	„	800	=	„	1,—	„
„	„	800,01	„	„	900	=	„	1,15	„
„	„	900,01	„	„	1000	=	„	1,20	„
„	„	1000,01	„	„	1500	=	„	1,90	„
„	„	1500,01	„	„	2000	=	„	2,50	„
„	„	2000,01	„	„	3000	=	„	3,70	„
„	„	3000,01	„	„	4000	=	„	5,15	„
„	„	4000,01	„	„	6400	=	„	6,80	„
„	„	6400,01	„	„	8000	=	„	9,—	„
„	„	8000,01	„	„	10000	=	„	11,40	„
„	„	10000,01	„	„	12000	=	„	13,80	„
„	„	12000,01	„	„	15000	=	„	15,60	„
„	„	15000,01	„	„	20000	=	„	21,—	„
„	„	20000,01	„	„	25000	=	„	27,60	„
„	„	25000,01	„	„	30000	=	„	33,60	„
„	„	30000,01	„	„	40000	=	„	42,—	„
„	„	40000,01	„	„	50000	=	„	54,—	„

Wechsel u. dergl., welche den Betrag von Ro. 50 000 überschreiten, müssen auf mehrere Stempelformulare niedergeschrieben werden.

Stempel-Strafe: der zehnfache Betrag der nicht geleistesten Stempelgebühr.

Wer einen nur zum Accept bestimmten Wechsel ungestempelt ausstellt oder entgegennimmt, ohne die unter Rubrik „Stempelfrei" festgesetzten Regeln zu beobachten, verfällt in eine Geldstrafe, welche dem zehnfachen Betrage der nach der Summe des betreffenden Wechsels zu zahlenden Stempelgebühr entspricht.

Bemerkungen.

Russland rechnet nach altem Style.

Um den Verfalltag eines vom Auslande auf Russland gezogenen Wechsels zu bestimmen, welcher auf gewisse Zeit nach dato ausgestellt ist, wird zuerst das Ausstellungsdatum nach altem Style festgestellt und dann die Laufzeit des Wechsels zugesetzt.

Hierzu rechnet man die gesetzlichen zehn Respect-Tage.

Zu den wesentlichsten Erfordernissen eines Wechsels gehören u. a.,

die Bezeichnung als Wechsel,
das Bekenntniss der empfangenen Valuta*),
die vorschriftsmässige Versteuerung.

Blanco-Eigenthums-Uebertragungen sind zulässig.

Zum Accept gehört der Ausdruck der Worte: angenommen oder acceptirt.

Respect-Tage sind gesetzlich festgesetzt*):

für Sicht-Papiere jeglicher Art drei Tage und
für dato-Papiere zehn Tage.

Mit Ausnahme der Bank-Institute, ersten Bankiers und der grösseren Ex- und Importeure benutzen alle Kaufleute und Institute diese Respect-Tage.

Checks gelten als Sicht-Papiere und haben deshalb Anspruch auf drei Respect-Tage, doch dürfte kein Bank-Institut von diesem Rechte Gebrauch machen.

---

*) Der seit mehreren Jahren vorliegende Entwurf eines neuen russischen Wechselgesetzes kennt diese Bestimmung nicht.

Schweden.

Stempelpflichtig:

Wechsel, Mandate, Anweisungen, Checks,

vom Auslande auf das Inland,
vom Inlande auf das Ausland,
vom Auslande auf das Ausland, } wenn der Betrag 100 Kr. übersteigt.

Auch direct vom Inlande ins Ausland remittirte Papiere sind stempelpflichtig.

Stempelfrei:

Wechsel, Mandate, Anweisungen, Checks,

vom Inlande auf das Inland,

vom Inlande auf das Ausland und
vom Auslande auf das Ausland } unter 100 Kr.

Duplicate, wenn ein Exemplar vorschriftsmässig versteuert ist.

Erfüllung und Form der Versteuerung:

Ueber die Erfüllung und Form der Versteuerung scheinen sehr liberale Anschauungen zu gelten, indem man über ein genaues Einhalten der im Gesetz zwar vorgeschriebenen Formalitäten hinweg und lediglich darauf sieht, dass der Stempelpflicht mit dem Betrage genügt ist.

Die Verpflichtung zur Versteuerung liegt ob vor der Weitergabe:

1. dem Aussteller eines steuerpflichtigen inländischen Papieres;
2. dem Indossanten eines steuerpflichtigen ausländischen Papieres.

Die zum Accept vorgelegten Wechsel werden in der Regel gleich gestempelt, jedoch ist dies nicht gesetzlich vorgeschrieben, sondern nur Usance.

Die Stempelmarken

zu 1 Kr. von rother, und

zu 50 Oere von brauner Farbe,

tragen in schwarzem Aufdruck das Landeswappen, oberhalb desselben die Werthangabe, zu beiden Seiten sowie am Fusse das Wort „Stämpel" und drei Striche; letztere zur Aufschrift des Cassationsvermerkes (Fig. 37 u. 38).

Fig. 37.

Fig. 38.

Diese Marken sind die einzigen zur Entrichtung der Wechsel-Stempelgebühr dienenden Werthzeichen und sind weder in Bezug auf ihre Anzahl noch auf ihren Platz beschränkt.

Die Cassation der Marken kann sowohl von Privat-Personen, wie auch von Behörden vorgenommen werden*).

Bei Papieren vom Inlande auf das Ausland genügt das Einschreiben des Ausstellungsdatums;

Bei Papieren

vom Auslande auf das Inland und

vom Auslande auf das Ausland

muss das Datum des Giros auf den Marken an der mit Strichen bezeichneten Stelle erscheinen.

*) Königliche Behörden, z. B. in Stockholm das Ober-Statthalter-Amt und das königliche Staats-Comtoir sind ebenfalls ermächtigt, Stempelmarken auf Ansuchen zu cassiren.

Das Datum der Verwendung (auch der Monat) kann mit arabischen Ziffern geschrieben oder vermittelst eines Handstempels aufgedruckt werden.

Es kommen auch mehrfach Wechsel im Handel vor, auf welchen die Stempelmarken nur mit Namen oder Firmastempel oder auch nur mit dem Vermerk „maculirt“ derart überschrieben bezw. überdruckt worden sind, dass ein Theil der Schrift oder des Stempelaufdruckes auf den Marken, ein Theil auf dem zu stempelnden Papiere befindlich ist.

Obwohl eine derartige Verwendung den gesetzlichen Vorschriften nicht entspricht, können in dieser Weise cassirte Stempelmarken unbeanstandet bleiben.

Grösseren Bank-Instituten ist es übrigens anheimgestellt, über den Druck eigener Formulare mit eingedrucktem Stempelzeichen mit der Steuerbehörde in Verbindung zu treten.

Stempel-Tarif:

Wechsel, Mandate, Anweisungen, Checks:
unter 100 Kr. stempelfrei,
von 100,01 Kr. bis 1000 Kr. = 50 Oere,
über 1000 Kr. = 1 Kr.

Bemerkungen.

Das im Jahre 1880 für die nordischen Staaten
Dänemark, Schweden und Norwegen
ausgegebene Wechsel-Gesetz ist noch in Kraft.

Die Bestimmungen desselben lehnen sich, wie auch unter Dänemark bemerkt, an die Vorschriften der Deutschen Wechsel-Ordnung an.

Ueber die Präsentationsfrist der Checks enthält das Gesetz keine Bestimmung.

Checks können auch auf andere Termine wie „bei Sicht“ lauten.

Stempelstrafe: 25 Kr.

Schweiz.

Die Schweizerische Wechsel-Ordnung.

Die in der Schweiz der cantonalen Gesetzgebung vorbehalten gewesenen Bestimmungen über das Wechselrecht*) sind durch Publication der Schweizerischen Wechsel-Ordnung vom Jahre 1881, mit Gesetzeskraft vom 1. Januar 1883, ausser Geltung gesetzt worden.

Die Wechsel-Ordnung bildet einen Bestandtheil der Bundes-Gesetze über das Obligationen-Recht vom 14. Juni 1881, gilt für das gesammte Bundesgebiet und lehnt sich fast in allen Vorschriften an die Allgemeine Deutsche Wechsel-Ordnung an.

In Folgendem werden einige der wesentlichsten Bestimmungen der Schweizerischen Wechsel-Ordnung angeführt.

Die Erfordernisse eines gezogenen Wechsels sind:

1. Die in den Wechsel selbst aufzunehmende Bezeichnung als Wechsel (de change, cambio);
2. die Angabe der zu zahlenden Geldsumme, im Contexte mit Buchstaben geschrieben**);
3. die Ordre;
4. die Angabe der Zahlungszeit;
5. die Unterschrift des Ausstellers;
6. die Angabe des Ortes und des Datums der Ausstellung;
7. der Name des Bezogenen;
8. die Angabe des Zahlungsortes.

---

*) Mehrere Cantone entbehrten jeglicher wechselrechtlichen Vorschriften.

**) Die Allgem. Deutsche W. O. verlangt letzteres nicht.

Aus einer Schrift, welcher eines der wesentlichen Erfordernisse eines Wechsels fehlt, entsteht keine wechselmässige Verbindlichkeit.

Respect-Tage sind abgeschafft.

Annahme-Erklärung innerhalb 24 Stunden.

Verfällt der Wechsel an einem Sonn- oder Feiertage, so ist derselbe am nächsten Werktage zu bezahlen.

Protest Mangels Zahlung spätestens am zweiten Werktage nach dem Zahlungstage; an diesem selbst ist die Aufnahme nicht zulässig*).

Blanco-Indossamente sind zulässig.

Sicht-Wechsel sind innerhalb eines Jahres zur Zahlung bezw. Annahme zu präsentiren, bei Verlust des wechselmässigen Anspruches gegen Indossanten und Aussteller*); vorbehaltlich der vom Aussteller oder einem Indossanten vorgeschriebenen kürzeren Präsentationsfrist.

Der wechselmässige Anspruch gegen den Acceptanten verjährt in drei Jahren vom Verfalltage des Wechsels an gerechnet.

Erfordernisse eines Checks:

1. die Bezeichnung als „Check“;
2. die in Buchstaben angegebene Geldsumme;
3. die Unterschrift des Ausstellers;
4. die Angabe des Ortes und des Datums der Ausstellung, Monat in Buchstaben angegeben;
5. der Name des Bezogenen;
6. der Zahlungsort;

Ein Check kann an den Inhaber, an eine bestimmte Person oder deren Ordre ausgestellt werden.

Derselbe kann nur auf Sicht lauten.

Die Präsentationsfrist zur Zahlung beträgt bei den am Ausstellungsorte zahlbaren Checks fünf Tage, bei den an einem anderen Orte zahlbaren acht Tage, bei Verlust der Regress-Ansprüche gegen Indossanten und Aussteller.

*) Abweichend von der Allgem. Deutschen W. O.

Die Stempel-Vorschriften
für Wechsel und andere indossirbare Handelspapiere in der Schweiz.

In derselben Weise wie bis zum Jahre 1881 in der Schweiz die Wechsel-Gesetzgebung keine einheitliche war, sind noch jetzt die Vorschriften über die Entrichtung der Stempelgebühr in den Cantonen verschieden.

Mehrere Cantone besteuern Wechsel und ähnliche Handelspapiere überhaupt nicht.

Andere, die jedoch in Handels- und industrieller Beziehung meist unbedeutend und deshalb hier nicht erwähnt worden sind, belegen alle Handelspapiere mit einer Steuer von 10 centimes.

Es haben deshalb nur diejenigen in Folgendem Aufnahme gefunden, welche besondere Stempel-Verordnungen publicirt haben und in welehen sich nennenswerthe Handelsplätze befinden.

In Bezug auf die Erhebung der Stempelgebühr betrachtet jeder Canton den anderen als Ausland.

Verzeichniss
der grösseren Orte der Schweiz, mit Angabe der betreffenden Cantone.

Der Stern vor dem Orte bedeutet, dass Stempelpflicht besteht.

*	Aarau	im	Canton	Aargau
*	Basel	„	„	Basel
*	Bern	„	„	Bern
*	Burgdorf	„	„	„
	Chaux de Fonds	„	„	Neuenburg
	Chur	„	„	Graubündten
	Frauenfeld	„	„	Thurgau
*	Genf	„	„	Genf
	Glarus	„	„	Glarus
*	Langenthal	„	„	Bern
*	Lausanne	„	„	Waadt (Vaud)
*	Lichtensteig	„	„	St. Gallen
	Locle	„	„	Neuenburg
*	Luzern	„	„	Luzern
	Neuenburg	„	„	Neuenburg
	Olten	„	„	Solothurn
*	Pruntrut oder (Porrentruy)	„	„	Bern

*	St. Gallen	im	Canton	St. Gallen
	Schaffhausen	"	"	Schaffhausen
*	Sion	"	"	Wallis (La Valais)
	Solothurn	"	"	Solothurn
*	Thun	"	"	Bern
*	Vevey	"	"	Waadt (Vaud)
	Weinfelden	"	"	Thurgau
	Winterthur	"	"	Zürich
	Zürich	"	"	"

Canton Aargau.

Hauptort: Aarau.

Stempelpflichtig:

Alle im Canton zahlbaren Wechsel, Checks, Anweisungen, Mandate, wechselähnliche und andere Ordrepapiere.

Von mehreren Exemplaren ist nur dasjenige zu versteuern, welches acceptirt wird.

Stempelfrei:

1. In Umlauf gesetzte Duplicate und Copien von den im Canton zahlbaren Wechseln und dergl., wenn auf denselben ersichtlich gemacht ist, dass ein Exemplar bezw. das Original versteuert ist.
2. Wechsel und dergl. vom Canton auf das Ausland.
3. Wechsel und dergl. vom Auslande auf das Ausland, wenn sie im Canton circuliren.

Erfüllung und Form der Versteuerung:

Für die Versteuerung der hier in Frage kommenden Papiere sind ausschliesslich Stempelmarken zu benutzen.

Dieselben sind mit dem Cantonswappen versehen und zu den Beträgen von 10, 20, 40, 100 Rappen, 2 und 5 Francs in verschiedenen Farben hergestellt (Fig. 39).

Die im Canton ausgestellten und in demselben zahlbaren Wechsel und dergl. sind vom Aussteller zu versteuern.

Derselbe cassirt die auf der Vorderseite des stempelpflichtigen Objectes anzubringenden Stempelmarken, indem er jede derselben mit dem Datum der Verwendung versieht.

Die Angabe des Monats kann in Zahlen erfolgen.

Das Datum kann auch vermittelst eines Handstempels aufgedruckt werden.

Fig. 39.

Ein Platz zum Befestigen der Stempelmarken ist nicht vorgeschrieben, doch geschieht dies gewöhnlich links auf der Vorderseite des Wechsels.

Die Anzahl der zu verwendenden Stempelmarken ist nicht beschränkt.

Die ausserhalb des Cantons ausgestellten im Cantonsgebiet zahlbaren Wechsel und dergl. sind vom ersten im Canton wohnhaften Indossatar, oder wenn dieselben von einem auswärtigen Inhaber dem Bezogenen direct zur Annahme oder Zahlung vorgewiesen werden, vom Bezogenen zu stempeln, indem der zur Verwendung der Stempelmarken Verpflichtete dieselben auf der Vorderseite des Papieres befestigt und jede Marke mit dem Datum der Verwendung versieht.

Stempel-Tarif:

Wechsel, Checks, wechselähnliche und andere Ordrepapiere

	bis	Frcs. 500	=	10 Rappen
von Frcs. 500,01	„	„ 1000	=	20 „
„ „ 1000,01	„	„ 1500	=	30 „
„ „ 1500,01	„	„ 2000	=	40 „

u. s. w. für angefangene oder volle 500 Frcs. = 10 Rappen mehr.

Stempel-Strafe: Der dreissig- bis fünfzigfache Betrag der hinterzogenen Stempelgebühr. Die Strafe wird gerichtlich festgesetzt und im Unvermögensfalle in Freiheitsstrafe umgewandelt, wobei für je vier Francs ein Tag Freiheitsstrafe bestimmt wird.

Canton Basel (Stadt).

Hauptort: Basel.

Stempelpflichtig:

Zahlungsversprechen (Kassabons), Anweisungen, gezogene Wechsel, eigene Wechsel, Warrants und andere indossirbare Papiere, welche auf eine Geldzahlung lauten,

sofern sie im Canton ausgestellt
oder
in demselben zahlbar sind
und ihr Betrag 100 Frcs. übersteigt.

Stempelfrei:

Zahlungsversprechen und Anweisungen, welche nicht an Ordre lauten, unter 100 Frcs.

Wechsel und andere indossirbare Papiere unter 100 Frcs.

Anweisungen und Zahlungsversprechen, welche im Canton ausgestellt und zugleich in demselben zahlbar sind.

Indossirbare Papiere vom Auslande auf das Ausland.

Duplicate und Copien, wenn ein Exemplar bezw. das Original vorschriftsmässig versteuert ist.

Erfüllung und Form der Versteuerung:

Die Versteuerung der unter der Rubrik „Stempelpflichtig" genannten Papiere erfolgt ausschliesslich durch Verwendung von Stempelmarken.

Die Stempelmarken für die dem festen Stempel von 10 centimes unterliegenden

Checks und Anweisungen

zeigen das Wappen des Cantons Basel-Stadt, unterhalb desselben die Werthangabe, rechts und links „Stempelmarke" (Fig. 40).

Die Stempelmarken für Wechsel, eigene Wechsel, Warrants und andere auf Geldzahlung an Ordre lautende Papiere sind von rother Farbe, hoch rechteckig und tragen von oben nach unten gelesen:

die Werthangabe,

den Minimal- und Maximal-Betrag des stempelpflichtigen Objectes,

das Wappen des Cantons, mit der Umschrift „Kanton Basel Stadt“ „Wechsel-Stempelmarke“ und darunter

die Werthangabe in Zahlen und Buchstaben (Fig. 41).

Fig. 40.

Im Canton ausgestellte stempelpflichtige Papiere sind vom Aussteller zu versteuern.

Fig. 41.

Derselbe cassirt die Stempelmarken, indem er die Anfangsbuchstaben des Vor- und Zunamens (der Firma) und das Datum der Verwendung auf jede einzelne Marke schreibt.

Anstatt der Ueberschreibung der Anfangsbuchstaben des Namens kann das Aufdrucken eines farbigen Namens- oder Geschäftsstempels erfolgen.

Das Datum muss jedenfalls geschrieben werden.

Ein Platz für die Stempelmarken ist nicht vorgeschrieben, doch werden dieselben gewöhnlich auf der Vorderseite des Wechsels etc. linker Hand aufgeheftet.

Die Anzahl der zur Verwendung gelangenden Stempelmarken ist nicht beschränkt.

Wird ein Wechsel in mehreren Exemplaren ausgestellt, so ist nur das in Umlauf gesetzte Exemplar zu versteuern; jedoch muss auf den übrigen Exemplaren (Duplicaten und Copien) vermerkt sein, dass ein gestempeltes Exemplar vorhanden und welcher Art dasselbe ist.

Im Auslande ausgestellte, im Canton zahlbare Wechsel und andere indossirbare Papiere sind vom ersten inländischen Unterzeichner einer Unterschrift (Indossatar, Mandatar, Acceptant etc.) zu versteuern, indem derselbe die Stempelmarken unter Beobachtung derselben Formalitäten, wie bei inländischen Papieren angegeben, verwendet.

Von den im Auslande in mehreren Exemplaren ausgestellten, im Canton zahlbaren Wechsel ist nur das zum Accept bestimmte Exemplar zu stempeln.

Stempel-Tarif:

Checks, welche im Canton ausgestellt oder in demselben zahlbar sind;

Zahlungs-Versprechen und Anweisungen über 100 Frcs., welche nicht an Ordre lauten, im Canton ausgestellt oder daselbst zahlbar sind, zahlen:

10 Rappen.

Wechsel, Anweisungen, Zahlungsversprechen und andere indossirbare Papiere

		unter Frcs.	100	=	frei
von Frcs.	100,01	bis „	500	=	10 Rappen
„ „	500,01	„ „	1000	=	20 „
„ „	1000,01	„ „	2000	=	40 „

u. s. w. von jedem 1000 oder einem Bruchtheil davon: 20 Rappen mehr.

Stempel-Strafe: der zwanzigfache Betrag des hinterzogenen Stempels und 50 Francs, im Wiederholungsfalle 100 Francs, Geldbusse.

Canton Bern.

Hauptorte: Bern, Burgdorf, Langenthal, Pruntrut (Porrentruy) Thun.

Stempelpflichtig:

Wechsel, Anweisungen, Checks, welche im Canton zahlbar sind und deren Betrag 50 Francs übersteigt.

Stempelfrei:

Wechsel und dergl. Papiere unter 50 Francs.
Papiere vom Canton auf das Ausland und
dergl. vom Auslande auf das Ausland.

Erfüllung und Form der Versteuerung:

§ 2 des Vollziehungsdecretes vom 28. Mai 1880 sagt:

„Die anzuwendenden Stempelmarken sind durch Ueberschreiben mit Text oder Datum oder Unterschrift oder durch Bedrucken mit farbigem Geschäftsstempel, in letzterem Falle jedoch unter Beifügung des handschriftlichen Datums, deutlich zu cassiren."

Fig. 42.

Die zur Cassation verwendeten Schriftzüge müssen theils auf das Papier, theils auf die Marke (Fig. 42) zu stehen kommen.

Die im Canton ausgestellten und daselbst zahlbaren Papiere sind bei ihrer Ausstellung zu versteuern.

Die im Auslande ausgestellten stempelpflichtigen Papiere, wenn sie im Canton zahlbar sind, müssen vom ersten Träger oder Mandatar daselbst versteuert werden, sobald sie in die Hände desselben gelangt sind.

Stempel-Tarif:

Wechsel nnd indossamentsfähige Anweisungen, mit Ausnahme der unten genannten,

		bis	Frcs.	50	stempelfrei	
von Frcs.	50,01	„	„	200	=	10 Rappen
„ „	200,01	„	„	400	=	15 „
„ „	400,01	„	„	600	=	20 „

u. s. w. für volle oder angefangene 200 Frcs. = 5 Rappen mehr.

Checks und Anweisungen über 50 Frcs., deren Format 310 cm nicht überschreitet, welche bei Sicht zahlbar sind und von der Ausstellung bis zur Vorweisung nicht mehr als sieben Tage circuliren, zahlen: *10 Rappen.*

Dem gleichen Stempel sind unterworfen die nicht indossirbaren Anweisungen über 50 Francs.

N. B. Der Stempel-Gebühr unterworfene Papiere haben, so lange dieselben nicht vorschriftsmässig versteuert sind, keine Beweiskraft.

Stempel-Strafe: der zehnfache Betrag des nicht verwendeten Stempels, mindestens zehn Francs und der gewöhnliche Stempel.

Canton Genf.

Hauptort: Genf.

Stempelpflichtig:

Im Canton zahlbare

Wechsel, Checks und Papiere jeglicher Art und jeden Betrages, welche gehandelt oder übertragen werden können.

Stempelfrei:

Im Gebiet des Cantons circulirende Wechsel, billets à ordre, Checks, welche im Auslande ausgestellt, auf einen auswärtigen Platz gezogen und ausserhalb des Cantons zahlbar sind.

Wechsel und dergl., welche im Canton ausgestellt und ausserhalb desselben zahlbar sind.

Letztere nicht nur, wenn sie direct remittirt werden, sondern auch dann, wenn sie im Canton circuliren oder daselbst acceptirt sind und eine auswärtige Zahlungs-Adresse tragen.

Erfüllung und Form der Versteuerung:

Die im Canton ausgestellten und daselbst zahlbaren Papiere müssen auf Stempelpapier niedergeschrieben werden.

Fig. 43.

Fig. 44.

Das mit einem Wasserzeichen versehene Stempelpapier trägt gewöhnlich an der linken Seite einen runden Prägestempel (Krieger das Cantonswappen haltend), sowie einen schwarzen runden Stempelaufdruck mit der Umschrift „Canton de Genève", welcher den Minimal- und Maximalbetrag, für den das Blankett zu verwenden ist und den Stempelbetrag angiebt (Fig. 43 und 44).

Für die im Inlande ausgestellten Checks kann das vorstehend erwähnte Stempelpapier ebenfalls benutzt werden, doch können zu deren Versteuerung auch die Stempelmarken à 10 centimes Anwendung finden.

Dieselben (Fig. 45) zeigen in blauem Aufdruck die Gestalt eines Kriegers, welcher das Cantonswappen hält.

Am oberen Rande die Aufschrift „Genève", unten „Chèques", rechts und links „10 centimes".

Die Entwerthung der Marken geschieht in derselben Weise, wie unten bei Wechsel-Stempelmarken angegeben.

Fig. 45.

Die ausserhalb des Cantons ausgestellten, in demselben zahlbaren Wechsel u. dergl. dürfen nicht eher verhandelt, acceptirt oder quittirt werden, bevor sie nicht vorschriftsmässig versteuert worden sind.

Die Versteuerung kann bewirkt werden durch Vorlegung der Papiere und Einzahlung des Steuerbetrages bei einem Stempel-Amt oder durch Aufheften von Stempelmarken.

Fig. 46.

Die letztere Methode ist die bequemste und gebräuchlichste.

Die verschiedenfarbigen Stempelmarken von länglich rechteckiger Form, tragen in einem Kreise das Cantonswappen mit der Umschrift „Canton de Genève", „Timbre estampille", links davon den Minimal- und Maximalbetrag der Wechselsumme, rechts den Werthbetrag (Fig. 46).

Die Stempelmarken werden von dem ersten inländischen Unterzeichner cassirt, indem derselbe

jede verwendete Marke

mit seinem Namen (Firma) und

mit dem Datum der Verwendung versieht.

Der Name muss ausgeschrieben werden.

Die Angabe des Monats kann in Zahlen erfolgen.

Der Gebrauch eines Handstempels mit Namen und Datum ist gestattet.

Die Anzahl der auf einem Papier zu verwendenden Stempelmarken ist nicht beschränkt, auch ein Platz zum Aufheften derselben nicht vorgeschrieben.

Dieselben werden usancemässig auf die Vorderseite des Papieres, linker Hand, aufgeklebt.

Stempel-Tarif:

Wechsel und andere indossirbare Papiere, mit Ausnahme der Checks

			bis Frcs.	100	=	5	cents
von Frcs.		100,01	„ „	200	=	10	„
„	„	200,01	„ „	300	=	15	„
„	„	300,01	„ „	400	=	20	„
„	„	400,01	„ „	500	=	25	„
„	„	500,01	„ „	1000	=	50	„
„	„	1000,01	„ „	1500	=	75	„
„	„	1500,01	„ „	2000	=	100	„
„	„	2000,01	„ „	3000	=	150	„

u. s. w. für volle oder angefangene 1000 Frcs. = 50 cts. mehr.

Checks jeden Betrages zahlen: 10 centimes.

Stempel-Strafe: Wer ein gar nicht oder ungenügend versteuertes Handelspapier begiebt, indossirt, quittirt oder zur Zahlung vorlegt, hat Stempelstrafe zu gewärtigen.

Dieselbe beträgt 5 % vom Nominalwerth des stempelpflichtigen Objectes und den hinterzogenen Stempel.

Canton Luzern.

Hauptort: Luzern.

Stempelpflichtig:

Wechsel, Anweisungen, Checks und dergl.,
wenn sie im Canton ausgestellt
oder
daselbst zahlbar sind und ihr Betrag 20 Francs übersteigt.

Stempelfrei:

Wechsel, Anweisungen, Checks und dergl., vom Auslande auf das Ausland gezogen, wenn sie im Canton circuliren.

Wechsel und dergl., welche im Canton ausgestellt oder daselbst zahlbar sind unter 20 Francs.

Erfüllung und Form der Versteuerung:

Die Abgabe für die stempelpflichtigen Werthobjecte wird nach dem Formate des verwendeten Papieres bemessen und kann
entweder durch Gebrauch von Stempelpapier,
oder durch Benutzung von Stempelmarken
geleistet werden.

Letztere Methode ist die gebräuchlichste.

Fig. 47.

Die Stempelmarken enthalten neben dem mit Laubwerk umgebenen Cantonswappen die Aufschrift „Stempel-Marke“ und „Canton Luzern“, die Angabe des Werthes und des Formates, wofür dieselben bestimmt sind, sowie auch Monat und Jahr der Emission (Fig. 47).

Ueber die Verwendung von Stempelmarken bestimmt § 6 der Verordnung des Regierungsrathes des Cantons Luzern über den Bezug der Stempelabgabe:

„Die Marken sind bei Wechseln, Anweisungen, Checks etc. mit der Quittung zu überschreiben.“

In der Praxis stellt sich die Verwendung so, dass

die im Canton ausgestellten stempelpflichtigen Papiere vom Aussteller versteuert werden, indem derselbe

Namen (Firma) und Datum über die Marke schreibt oder vermittelst eines Handstempels aufdruckt.

Die im Canton zahlbaren Wechsel werden in der Regel nicht eher versteuert, bis sie zur Zahlung vorgelegt werden.

Die auf der Rückseite des Wechsels befestigte Stempelmarke wird dann dem Wortlaut des Gesetzes entsprechend, mit der Quittung überschrieben.

Stempel-Tarif:

Die Höhe der Stempelgebühr richtet sich nach der Grösse des verwendeten Papieres, nicht nur des auf diesem beschriebenen Raumes, und beträgt:

für ganze	Bogen:	40	centimes
„ halbe	„	20	„
„ viertel	„	10	„
„ achtel	„	5	„

Da für einen Wechsel und dergl. gewöhnlich mehr wie ein achtel Bogen, jedoch weniger wie ein viertel Bogen Papier verwendet wird, so dürfte sich die Stempelabgabe für derartige Objecte ohne Rücksicht auf den Betrag mit

„10 centimes“

berechnen.

Stempel-Strafe: Der zwanzigfache Betrag der nicht geleisteten Stempelgebühr, sowie der nicht verwendete Stempel.

Canton St. Gallen.

Hauptorte: St. Gallen, Lichtensteig.

Stempelpflichtig:

Wechsel, Anweisungen, Mandate und andere indossirbare Handelspapiere, welche im Canton ausgestellt sind.

Stempelfrei:

Wechsel und dergl.
vom Auslande auf den Canton und
vom Auslande auf das Ausland.

Checks, wenn sie als solche bezeichnet sind.

Erfüllung und Form der Versteuerung:

Die Versteuerung der stempelpflichtigen Papiere geschieht ausschliesslich durch Verwendung von Stempelmarken (Fig. 48).

Fig. 48.

Dieselben sind in Rosadruck auf weissem Papier hergestellt, und tragen das von einem Lorbeerkranz umgebene Cantonswappen.

Die Umschrift lautet „Kanton St. Gallen“, zu beiden Seiten „15 Rappen“ in Buchstaben und Zahlen, am Fusse der Marke „Stempelmarke“.

Die Verwendung der Marken geschieht in der Art, dass dieselben auf der Vorderseite des Wechsels links befestigt und mit dem Namen oder der Firma des Ausstellers und dem Datum der Verwendung beschrieben oder bedruckt werden.

Anstatt des vollen Namens (der Firma) genügen auch die Anfangsbuchstaben.

Das Datum kann ganz in Zahlen angegeben werden.

Stempel-Tarif:

für alle stempelpflichtigen Objecte ohne Rücksicht auf den Betrag und die Verfallzeit:

15 Rappen.

Canton Waadt (Vaud).

Hauptorte: Lausanne, Vevey.

Stempelpflichtig*):

Wechsel, billets à ordre und alle anderen Handels-Effecten, welche
im Canton ausgestellt
oder
im Canton zahlbar sind,
wenn ihr Werthbetrag 100 Frcs. übersteigt.

Stempelfrei:

Checks**).

Duplicate von Wechseln, wenn ein Exemplar ordnungsmässig versteuert ist.

Die Handels-Effecten „ohne Kosten", welche auf höchstens 30 Tage dato lauten**).

Papiere vom Auslande auf das Ausland, wenn sie im Canton circuliren.

Papiere jeglicher Art unter 100 Frcs.

---

*) Es liegt der Entwurf eines neuen Stempelgesetzes vor, welcher auch in Bezug auf die Stempelgebühren für Wechsel und dergl. veränderte Bestimmungen trifft.

**) Der neue Entwurf sistirt die Stempelfreiheit für derartige Papiere.

Erfüllung und Form der Versteuerung:

Zur Versteuerung der stempelpflichtigen Objecte dienen:

1. Stempelmarken;
2. Stempelpapier;
3. der Visastempel.

Die im Canton ausgestellten, im Canton oder ausserhalb desselben zahlbaren

Wechsel, billets à ordre und die übrigen indossamentsfähigen Papiere, deren Verfallzeit höchstens sechs Monate beträgt,

müssen auf Stempel-Papier niedergeschrieben werden.

Da Stempel-Papier nur bis zum Höchstbetrage von 5000 Francs angefertigt wird, werden Wechsel mit einem höheren Betrage auf Blanketten von 5000 Frcs. ausgestellt und für den überschreitenden Betrag der Visastempel oder Stempelmarken cassirt.

Die ausserhalb des Cantons ausgestellten, in demselben zahlbaren

Wechsel und Handels-Effecten sind, bevor sie vorgezeigt, indossirt, acceptirt oder quittirt werden, entweder

einem Stempel-Amt zum Abstempeln (Visastempel) vorzulegen,

oder

vermittelst Stempelmarken (Fig. 49) zu versteuern.

Fig. 49.

Die letzteren müssen mit der ersten im Canton geleisteten Unterschrift derart bedeckt werden, dass dieselbe gleichzeitig auf das zu stempelnde Object hinüberreicht.

Der Acceptant verwendet also die Marken auf der Vorderseite; ein Indossant oder der Quittungsleistende auf der Rückseite des Wechsels.

Stempel-Tarif*):

Wechsel, billets à ordre, Anweisungen, Mandate etc.

		bis	Frcs.	100	=	frei
von Frcs.	100,01	„	„	400	=	10 cts.
„ „	400,01	„	„	600	=	15 „
„ „	600,01	„	„	1000	=	25 „
„ „	1000,01	„	„	2000	=	50 „

u. s. w. für je 1000 Frcs. oder einen Bruchtheil davon:
25 cts. mehr.

Stempel-Strafe: Zwei Procent vom Werthbetrage des stempelpflichtigen Objectes, mindestens fünf Francs.

Canton Wallis, (du Valais).

Hauptort: Sion.

Stempelpflichtig:

Wechsel, billets à ordre und Handels-Papiere jeglicher Art, welche im Canton ausgestellt oder vom Auslande auf den Canton gezogen sind.

Stempelfrei:

Duplicate und Copien von Wechseln, wenn ein Exemplar bezw. das Original versteuert ist.

Wechsel etc. vom Auslande auf das Ausland gezogen, wenn sie im Cantonsgebiet circuliren.

Erfüllung und Form der Versteuerung:

Die im Canton ausgestellten

Wechsel, billets à ordre und alle anderen Handels-Papiere bis zum Betrage von 6000 Frcs. müssen mit einem amtlichen Stempel (timbre humide) versehen sein.

*) Nach dem neuen Entwurf soll der Stempel ebenfalls auf der Basis von 0,25 ‰ erhoben werden; dagegen werden Wechsel etc. bis 800 Frcs. steuerfrei bleiben.

Für die den Betrag von 6000 Frcs. überschreitenden Papiere wird die höhere Steuer durch Verwendung von Stempelmarken entrichtet, indem der Aussteller des Papieres seine Unterschrift quer über die Marken schreibt, derart, dass ein Theil der Schrift das Steuerobject berührt.

Die vom Auslande auf den Canton gezogenen Wechsel, billets à ordre und andere Handels-Papiere sind zu versteuern, bevor sie zur Annahme vorgelegt, indossirt, quittirt oder protestirt werden.

Zur Versteuerung derartiger Papiere sind Stempelmarken (Fig. 50) zu verwenden.

Fig. 50.

Die Marken müssen mit der ersten im Inlande geleisteten Unterschrift derartig bedeckt werden, dass diese gleichzeitig auf das Papier hinüberreicht.

Die Unterschrift auf den Marken kann ersetzt werden durch Aufdruck des Stempels einer staatlichen Behörde, eines Handlungshauses oder einer Privatperson, wenn nur der Stempel-Aufdruck das Papier berührt.

Aus einem gar nicht oder nicht ordnungsmässig versteuerten Wechsel kann kein wechselrechtlicher Anspruch begründet werden.

Stempel-Tarif:

Wechsel, billets à ordre und alle Handels-Papiere

			bis Frcs.	200	=	Frcs.	—,25 cts.
von 200,01 Frcs.	„		„	500	=	„	—,50 „
„ 500,01	„	„	„	1000	=	„	1,— „
„ 1000,01	„	„	„	1500	=	„	1,50 „

u. s. w. für je volle oder angefangene 500 Frcs. = 50 centimes mehr.

Stempel-Strafe: der zehnfache Betrag der nicht geleisteten Stempel-Gebühr.

Spanien.

Stempelpflichtig:

Sämmtliche Giro-Urkunden, welche im Inlande ausgestellt oder daselbst zahlbar sind;

d. h. gezogene Wechsel, Wechselbriefe, = letras de cambio,
eigene Wechsel = pagarés á la órden,
Anweisungen, Checks = libranzas á la órden,
Creditbriefe = cartas-órdenes de crédito.

Bürgschafts-Erklärungen, welche nicht auf die betreffenden Wechsel selbst geschrieben sind.

Stempelfrei:

Duplicate und Copien von Wechseln, wenn ein Exemplar bezw. das Original vorschriftsmässig versteuert ist.

Wechsel und dergl. welche vom Auslande auf das Ausland gezogen sind und im Inlande nur circuliren.

Erfüllung und Form der Versteuerung:

Nach der Stempel-Vorschrift vom 1. Januar 1882, welche von der Regiernng ursprünglich provisorisch angeordnet, von den Cortes sodann bestätigt wurde und noch jetzt in Kraft ist, wird die Stempel-Gebühr für die oben genannten Giro-Urkunden durch Verwendung von

Stempelpapier = „papel timbrado ó grabado“

entrichtet.

Dasselbe trägt an der linken Seite den in Form einer Stempelmarke aufgedruckten braunen Stempel mit der Inschrift „Giro“ am oberen und der Werthangabe am unteren Rande.

In der Mitte des Stempels befindet sich das spanische Wappen, farblos in das Papier geprägt, und die Angabe des Höchstbetrages, für welchen das Blankett verwendet werden darf (Fig. 51).

Stempelpapier wird bis zum Steuerbetrage von 50 pes., entsprechend einem Steuerobject von 100 000 pes., ausgegeben.

Für einen den letzteren Betrag überschreitenden Wechsel wird ein Stempelblankett von 50 pes. verwendet und der höhere Stempel in Marken cassirt.

Der Staats-Druckerei können auch von Privaten Wechselformulare mit besonderen Declarationen zum abstempeln vorgelegt werden, vorausgesetzt dass dieselben noch keine Unterschrift tragen.

Fig. 51.

Der Umtausch beschädigter, noch nicht benutzter Formulare, ist gegen Erlegung einer Gebühr von 10 centimos pro Stück gestattet.

Im Inlande ausgestellte Wechsel und dergl. müssen auf Stempelpapier niedergeschrieben werden.

Die von dem Giro mutuo, einer Abtheilung der Bank von Spanien, auf die Administrationen der Bank ausgegebenen Anweisungen bis zum Betrage von 250 pes. müssen mit einem Stempel von 10 centimos versehen sein.

Im Auslande ausgestellte, im Inlande zahlbare Wechsel und dergl. sind vor jedem Gebrauche in Spanien durch gestempeltes Papier zu ergänzen; d. h. der vom Auslande kommende Wechsel wird mit dem Theil der Rückseite, welcher von ausländischen Indossamenten noch nicht bedeckt ist, derartig auf die Vorderseite eines Stempelblanketts aufgeheftet, dass das Stempel-Werthzeichen des letzteren frei bleibt.

Jede im Inlande geleistete Unterschrift (Accept, Giro, Bürgschaft, Quittung) darf nur auf das Stempelblankett, keinesfalls auf den ursprünglichen Wechsel niedergeschrieben werden.

Das Accept wird gewöhnlich so geschrieben, dass ein Theil desselben auf den Original-Wechsel hinüberreicht.

Von einer Giro-Urkunde, welche nicht vorschriftsmässig, nicht genügend oder gar nicht versteuert ist, darf in Spanien kein Gebrauch gemacht werden.

Geschieht dies dennoch, so ist ein solches Papier nichtig und ohne jeden Werth und Wirkung.

Stempel-Tarif:

Wechsel, Anweisungen, Checks, Creditbriefe und dergl.

			bis	pes.	250	=	pes.	—,10	cts.
von	pes.	250,01	„	„	500	=	„	—,25	„
„	„	500,01	„	„	1000	=	„	—,50	„
„	„	1000,01	„	„	2000	=	„	—,75	„
„	„	2000,01	„	„	3000	=	„	1,—	„
„	„	3000,01	„	„	5000	=	„	2,—	„
„	„	5000,01	„	„	7000	=	„	3,—	„
„	„	7000,01	„	„	10000	=	„	4,—	„
„	„	10000,01	„	„	12000	=	„	5,—	„
„	„	12000,01	„	„	15000	=	„	6,—	„
„	„	15000,01	„	„	17000	=	„	7,—	„
„	„	17000,01	„	„	20000	=	„	8,—	„
„	„	20000,01	„	„	22000	=	„	10,—	„
„	„	22000,01	„	„	25000	=	„	12,—	„
„	„	25000,01	„	„	30000	=	„	13,—	„
„	„	30000,01	„	„	35000	=	„	14,—	„
„	„	35000,01	„	„	40000	=	„	16,—	„
„	„	40000,01	„	„	45000	=	„	18,—	„
„	„	45000,01	„	„	50000	=	„	25,—	„
„	„	50000,01	„	„	60000	=	„	30,—	„
„	„	60000,01	„	„	80000	=	„	35,—	„
„	„	80000,01	„	„	100000	=	„	50,—	„

u. s. w.

für jede fernere 1000 pes. oder einen Bruchtheil davon: 50 centimos mehr.

Bürgschafts-Erklärungen, welche nicht auf die betreffenden Wechsel selbst gestellt sind, werden besonders nach derselben Scala wie Wechsel versteuert.

Creditbriefe ohne Angabe einer bestimmten Summe zahlen 25 pes. Stempel.

Stempel-Strafe: der doppelte Stempelbetrag.

Die Strafe wird sowohl von dem Aussteller, jedem einzelnen Giranten, wie auch vom Acceptanten und Bezahler eines Wechsels, welcher gar nicht, nicht genügend oder nicht vorschriftsmässig gestempelt ist, erhoben.

Bemerkungen.

Was die Form des Wechsels betrifft, so verlangt das Gesetz nicht die Bezeichnung als „Wechsel*)", jedoch muss im Texte das Bekenntniss der empfangenen Valuta enthalten sein, wobei anzugeben ist, ob der Werth in baarem Gelde bezw. in Waaren empfangen oder ob es ein Werth in Rechnung sei.

Respect-Tage gestattet das Gesetz nicht.

Protest Mangels Zahlung am Tage nach dem Verfalltage.

Blanko-Indossamente bilden keine Eigenthums-Uebertragungen.

Sicht-Wechsel, vom Auslande gezogen, müssen innerhalb vierzig Tagen nach ihrer Einbringung in das Inland zur Zahlung oder Annahme präsentirt werden.

*) Eine Anweisung muss als solche bezeichnet sein.

GPSR Compliance

The European Union's (EU) General Product Safety Regulation (GPSR) is a set of rules that requires consumer products to be safe and our obligations to ensure this.

If you have any concerns about our products, you can contact us on ProductSafety@springernature.com

In case Publisher is established outside the EU, the EU authorized representative is:

Springer Nature Customer Service Center GmbH
Europaplatz 3
69115 Heidelberg, Germany

Batch number: 10844623

Printed by Printforce, the Netherlands